高等教育育人机制与价值研究

贺莉莉　王亚枝　周永情　著

中国国际广播出版社

图书在版编目（CIP）数据

高等教育育人机制与价值研究 / 贺莉莉，王亚枝，
周永情著. --北京：中国国际广播出版社，2024.8.
ISBN 978-7-5078-5613-2

Ⅰ. G649.2

中国国家版本馆 CIP 数据核字第 2024PS9493 号

高等教育育人机制与价值研究

著　　者	贺莉莉　　王亚枝　　周永情	
责任编辑	屈明飞	
校　　对	张　娜	
版式设计	邢秀娟	
封面设计	豫燕川	

出版发行	中国国际广播出版社有限公司 ［010－89508207（传真）］	
社　　址	北京市丰台区榴乡路 88 号石榴中心 2 号楼 1701	
	邮编：100079	
印　　刷	北京启航东方印刷有限公司	

开　　本	787×1092　　1/16	
字　　数	191 千字	
印　　张	14.25	
版　　次	2024 年 8 月　北京第一版	
印　　次	2024 年 8 月　第一次印刷	
定　　价	58.00 元	

前　言

　　"育人"是一种教育理念,是高校工作的核心。高校育人一要将以人为本的理念作为思想指导,大到社会建设,小到高校育人,都要把以人为本的理念作为基础和根本,把促进人的全面发展作为最终目标和终极追求;二要遵循人的发展规律,人作为社会重要组成部分,有其独特的发展规律,而教育的开展必须遵循人的发展规律;三要以"育"为核心,因为"育"既是教育活动的中心,也是高校育人的核心;四要尊重学生的主体性,在教育活动中,学生是认识的主体,也是实践的主体,要充分保证学生在开展育人教育中的主体地位。

　　高等教育不仅包括劳动教育育人,还包括心理育人。劳动教育是高等教育的发展基础,是高等教师高水平建设和大学生综合素质强化的必然要求。心理育人价值实现的目标,一是要做好大学生的心理疏导,化解其心理困惑;二是要提升大学生的心理素质,培育其健康心态;三是要实现大学生的价值引领,培养时代新人。而高等教育心理育人价值实现的路径包括,一要发挥课堂主渠道,打造立体化的心理育人课程体系;二要促进资源整合,创设多元化的心理实践平台;三要坚持全员参与,创设多元化的心理育人运行系统;四要强化价值导向,探索本土的心理育人特色模式。

　　本书是关于高等教育育人机制与价值研究的书籍,首先对高等教育育人进行简要概述,介绍高等教育育人的内涵与原则、高等教育育人的理论基础;然后对高等教育育人机制与价值的相关问题进行梳理和分析,包括高等教育组织育人理论与机制构建、高等教育文化育人的内在机制、高

— 1 —

等教育实践育人机制、高等教育"三全育人"体系构建及机制、高等教育劳动教育育人的价值逻辑、高等教育心理育人的价值实现;最后针对高等教育育人机制的创新发展提出了一些建议,旨在摸索出一条适合高等教育育人工作创新的科学道路,帮助其工作者在应用中少走弯路,运用科学方法,提高效率。本书对高等教育育人工作的应用创新有一定的借鉴意义。

目 录

第一章　概述 ………………………………………………… 1

  第一节　高等教育育人的内涵与原则 …………………… 1

  第二节　高等教育育人的理论基础 ……………………… 8

第二章　高等教育组织育人理论与机制构建 ……………… 16

  第一节　组织育人的内涵与特征 ………………………… 16

  第二节　组织育人的类别 ………………………………… 23

  第三节　高等教育组织育人的机制构建 ………………… 41

第三章　高等教育文化育人的内在机制 …………………… 56

  第一节　精神文化凝心聚力 ……………………………… 56

  第二节　环境文化育美引善 ……………………………… 60

  第三节　行为文化验证效果 ……………………………… 65

第四章　高等教育实践育人机制探析 ……………………… 75

  第一节　高等教育实践育人概述 ………………………… 75

  第二节　高等教育实践育人的协同机制 ………………… 85

  第三节　高等教育实践育人的保障机制 ………………… 92

第五章　高等教育"三全育人"体系构建及机制 …………… 98

  第一节　高等教育"三全育人"的总体目标 ……………… 98

  第二节　高等教育"三全育人"的有利途径 …………… 101

  第三节　高等教育"三全育人"的培养渠道与教学评价 ………… 110

第六章　高等教育劳动教育育人的价值逻辑…………………………… 117

　　第一节　劳动教育是高等教育发展之基……………………………… 117

　　第二节　劳动教育是高等教师高水平建设之要…………………… 122

　　第三节　劳动教育是大学生综合素质强化之需…………………… 131

第七章　高等教育心理育人的价值实现…………………………… 138

　　第一节　高等教育心理育人的独特价值…………………………… 138

　　第二节　高等教育心理育人价值实现的机理……………………… 153

　　第三节　高等教育心理育人价值实现的路径……………………… 169

第八章　高等教育育人机制的创新发展…………………………… 206

　　第一节　基于协同理论的高等教育育人机制创新…………………… 206

　　第二节　基于生态学的高等教育育人机制创新…………………… 211

　　第三节　基于互联网思维的高等教育育人机制创新……………… 216

参考文献………………………………………………………………… 219

第一章　概述

"育人"是高校工作的核心。可以说,高校一系列教育教学工作都是围绕这一核心展开的。因此,要针对高等教育育人(高校育人)机制进行研究,首先需要对高校育人有一定的认识。本章便是围绕高校育人相关的基础性内容展开论述的,主要包括高校育人的内涵、特点、功能、原则以及理论基础。

第一节　高等教育育人的内涵与原则

一、高等教育育人的内涵与原则

育人的观念在我国传统文化中渊源深厚、由来已久。关于育人,在《现代汉语词典》中有三种解释:一是生育之意,如生儿育女等;二是养活之意,如养育等;三是教育之意,如智育、德育、体育等。这三种不同解释的核心都是个体的成长,体现了教育促进人的全面发展的思想。本节所论述的育人是第三层意思,即教育,而高校育人就是指在高校中针对学生开展的教育,包括智力、道德、身体素质等方面的教育。其实,关于育人,早在先秦时期便已经出现相关的思想了。

要想深入理解高校育人的内涵,就不能仅仅停留在对相关政策的阐述上,还需要结合其本质对其做深入的解读。可以从如下四个方面着手。

第一,高校育人要将以人为本的理念作为思想指导。人是人类历史和社会发展的主体,以人为本突出了人的主体性,表达了自觉的人的含义,集中体现了人类能够在把握社会历史客观规律的基础上,推动社会发展并实现自己的最终目的。① 以人为本是中国共产党的执政理念,是我国经济社会发展的根本出发点。所以,大到社会建设,小到高校育人,都需要将以人为本的理念作为基础和根本,把促进人的全面发展作为最终目标和终极追求。

第二,高校育人要遵循人的发展规律。站在事物发展的角度去看,任何事物的发展都有一定的规律,人作为社会重要组成部分,自然也有其独特的发展规律,而教育的开展必须遵循人的发展规律。如果我们将视线从"人"这一宏观主体聚焦到某个人这一个体,就会发现不同的人在发展需求、发展程度等方面存在差异。因此,在高校育人中,需要细化到对个体发展规律的关注,并尊重每一位学生的价值、意义和尊严,从而使每一位学生都能够在其自身发展规律的基础上获得应有的发展。

第三,高校育人要以"育"为核心。教育活动是人类实践形式的一种,它是在人类长期的实践活动中形成和发展起来的,是使人从自然人转变为社会人的一个重要途径。人在发展之初更多具备的是自然属性,随着人类社会的发展,教育活动逐渐形成,使人更多具备了社会属性,成为一个更加具体和更为丰富的人,这是人的本质属性。由此可见,"育"是教育活动的中心,也是高校育人的核心,即通过"育"这一形式可使学生获得更加全面的发展。

第四,高校育人要尊重学生的主体性。在教育活动中,学生是认识的主体,也是实践的主体,所以针对学生开展的育人教育不能忽视了学生的主体地位,仅仅从学校和教师的角度出发,这样既不利于学生主体作用的发挥,也不利于育人目标的实现。高海清在《哲学的奥秘》一书中指出:"人总是在不断地呼喊、焕发和弘扬自身的主体性。"② 大学生的身心发展已经相对成熟,也已经形成了较强的自我意识,他们有凸显主体性的需求。此外,现代教育也一直在强调学生主体作用的发挥,主张将"教"和"学"统一起来,使教育者和受教育者相互配合、相互促进,从而更好地促

---

① 李慎明."以人为本"的科学内涵和精神实质[J].红旗文稿,2008(1):2—5.
② 高清海.哲学的奥秘[M].长春:吉林人民出版社,1997:79.

进学生的全面发展,实现育人的终极目标。

二、高等教育育人的特点

高校育人工作以现代教育理论为指导,以大学生为参与的主体,通过采取形式多样、内容丰富的教育活动,使大学生获得更加全面的发展。高校育人的本质内涵决定了高校育人的特点,具体表现为如下三点。

(一)导向性

导向性是指使事物向着某个方向发展的特性。高校育人就是要通过开展各种教育活动,使学生获得全面的发展,实现育人的目标。因此,高校育人必然具备导向性的特征,其指引的方向是学生的全面发展。如果对其导向性做进一步的分析,高校育人在明确目标的引导下,也会构建更加具体的育人计划,并针对育人计划的实施进行监督,包括对育人时间、育人方式、育人效果的监督,以此来保证计划实施的效果。这种导向是对过程的导向,是必不可少的,因为相较于结果而言,过程无疑更为重要,也是整个育人工作的核心,所以高校育人导向性的特征必然同时体现在结果导向和过程导向两个方面。

(二)参与性

现代教育强调学生主体作用的发挥,主张将"教"和"学"结合起来,从而让学生在积极的参与中获得更好的发展。尤其在实践活动中,学生的参与不可或缺,他们是实践育人的对象,也是开展实践教学、社会实践活动的主体。如果对其参与性的特征做进一步的阐述,可以从两个方面着手。一方面,学生是育人活动实实在在的参与者,无论是在教师的引导下参与,还是学生的自主参与,大学生都需要参与育人活动的全过程,并在参与中改造自己的世界观,获得综合素养的提升。另一方面,在实践活动中,大学生可以结合自己的实际情况选择适合自己的实践内容、实践方式,甚至可以自行设计、自行组织,在这种完全由学生主导的实践活动中,学生既是主导者,也是参与者,同时他们也能够更加快速地获得成长与发展。

(三)渗透性

高校育人工作涉及的范围非常广,除了借助课程育人,还会借助各种各样的实践活动,以达到育人的目标。无论是在课程育人中,还是在实践育人中,渗透性的特征越来越凸显。简单来说,渗透性的教育模式就是将育人的目标隐藏起来,不以学生发展的目标为说辞去对学生进行说教,而是给予学生一定的空间,让学生自己去感悟。这种模式最大的优点就是能够避免学生产生反感心理,因为大学生虽然身心发展已经比较成熟,而且大多也都过了叛逆期,但自我意识相对较强,他们对说教教育比较反感,认为观念是自我的选择,而不是被人赋予的,如果将观念强加于他们,只会引起他们的排斥。因此,教育工作者应将目标淡化或隐藏起来,通过课程或实践活动对学生开展渗透性的教育,让学生在一种相对自由的环境中去自由的感受,让学生认为其观念是自己的选择,这样才能够更加深入学生心灵。

三、高等教育育人的功能与原则

(一)高等教育育人的功能

育人功能是高校育人目标实现的一个重要支撑,正是这一功能促进了目标的实现。具体而言,高校育人的功能主要体现在两个方面:教化与规范、激励与引导。

1.教化与规范

教化即教育感化的意思,指用教育去感化个体,让个体的道德素质得到提升。在前文就人的属性进行分析的时候,笔者提到了人的两种属性——自然属性和社会属性。从属性的角度着手,教化的目的就是要减弱人自然属性的部分,增加人社会属性的部分。所谓社会属性,是指人在社会生产生活以及社会交往中需要具备的特性。学生在接受基础教育的过程中,其社会属性在不断增加,但由于基础教育阶段学生的身心发展还不成熟,其社会属性并不稳定,这就要求高校继续对学生进行全面的教育,进一步发挥高校育人的教化功能,从而使学生的社会属性趋于稳定。

虽然规范与教化在功能上相似,但在程度上有所不同。规范有约束的意思,即通过对学生的教育,使学生的言谈举止得到规范。需要注意的是,规范的约束作用并不是限制学生的自由,而是要限制学生不礼貌、不道德的言行,让学生能够遵守基本的道德规范。其实,在现实生活中,人的自由发展必定是在一定的社会规范的基础上进行的[①]。如果超出了这一规范,人会因为太过自由而变得不自由。高校育人的规范功能就是要引导学生认识到规范言行的重要性,并让学生在日常生活中能够遵守基本社会规范。

2. 激励与引导

高校育人的激励功能是建立在认知教育的基础之上的,因为只有对一些事物形成认知,才能够产生相应的动机,进而在动机的驱使下产生相应的行为。

引导功能是指引导学生提升和发展的功能,主要包括对学生文化素养、道德素养、健康素养、艺术素养和社会适应能力五个方面的引导。文化素养主要表现在学生学习方面,道德素养主要表现在学生言行规范性上,健康素养主要指学生掌握和应用基本的体育与心理健康知识和运动技能增强体能,艺术素养主要指学生能够感受并欣赏生活、自然、科学和艺术中的美,具有健康的审美情趣。

(二)高等教育育人的原则

高等教育育人工作的开展应遵循一定的原则,这样才能进一步保障高校育人工作的成效。我们需要在准确把握高校育人工作现状,全面分析高校育人所面临的时代机遇和挑战的基础上,从顶层设计的框架中去制定相应的原则。综合来看,高等教育育人应遵循的原则至少要包含如下三点。

1. 坚持马克思主义指导原则

马克思主义是对客观存在的事物本质及其规律的正确反映,其生命

---

① 陈万柏,张耀灿.思想政治教育学原理:第 2 版[M].北京:高等教育出版社,2007:71.

力在于它与具体社会实践相结合,能够指导人们运用新理论、新技术、新方法去解决新的矛盾和新的问题。马克思主义随着时代的发展而不断发展、不断完善,表现了与时俱进的理论品质。诚然,随着时代的变迁和社会的发展,人类的社会面貌以及思维水平等都发生了翻天覆地的变化,但在这一过程中,马克思主义始终与时代的发展相契合,并为人类的社会实践活动提供理论指导。

关于马克思主义对高等教育育人的指导作用,我们可以从教育体系论的角度着手。在教育体系中,哲学方法、教育理论、教育理念等居于第一层,具有指导意义;一般科学方法居于第二层,具有普遍应用意义;基本教育方法居于第三层,具有可观层面的操作意义;具体教育方法居于第四层,具有微观层面的操作意义,整体关系从上到下,所处层面越高,指导性越强,所处层面越低,操作性越强。显然,马克思主义属于哲学方法论,它是人们科学认识世界、改造世界的一种哲学方法,是适用于人类社会的高度广泛的方法,居于第一层,对教育相关工作的开展具有普遍性的指导意义。因此,在高等教育育人工作中,必须坚持马克思主义指导原则,并使抽象的哲学方法逐渐与具体实践相结合,从而在宏观上把握高校育人工作的框架构建与具体实施。

2. 坚持教师引导与学生主体相结合原则

在高校育人活动中,教师和学生扮演着不同的角色,教师是引导者,学生是主导者,他们发挥着不同的作用,但都不可或缺。因此,在高校育人工作中需要坚持教师引导与学生主体相结合原则。

对于教师来说,在传统教学模式中,他们扮演着主导者的角色,主导着学生的学习,主导着学生的成长,这种模式忽视了学生的主体作用,并不利于学生的成长和发展。因此,在如今的高校育人模式中,教师不再是教育活动的主导者,而是更多地扮演了引导者的角色。具体而言,教师的引导作用主要体现在三个方面。第一,教师引导着学生发展的方向。虽然大学生的身心发展已经相对成熟,但在认识上仍旧存在一定的局限性,同时受个人主观性的影响也较大,这就导致大学生在自我规划发展方向时难免会出现偏差,此时便需要教师发挥引导作用,帮助学生纠正偏差,保证学生朝着正确的方向前进。第二,教师引导学生的具体实践。实践育人是高校育人工作的重要一环,在实践活动中,学生可能会由于欠缺实践经验而导致出现各种各样的问题,此时便需要教师给予适当的指导,以保障实践活动的效果。第三,教师对教育资源的协调。教育资源在高校育人中发挥着重要的作用,而教师作为教育工作者,能够在一定的权限内协调教育资源,用于支持教育活动。

对于学生而言,在新的育人模式下,他们不再是被动的服从者,而是成为自我发展的主导者。为了充分调动学生的主观能动性,发挥学生的主体作用,高校育人工作者必须把握如下两个方面。第一,在实践活动中尊重学生自主选择的权利。实践活动对于促进学生的发展具有积极的作用,但由于学生之间存在着性格、能力、兴趣等方面的差异,所以在组织实践活动时,应给予学生自主选择的权利,让学生结合自己的兴趣、性格和能力选择适合自己的实践活动,这样能够最大限度地调动学生的主观能动性,从而使实践活动的效益最大化。第二,教育活动的开展要以学生的需求为出发点。同样以实践活动为例,在策划实践活动时,需要站在学生的角度去考虑。

总之,在高校育人活动中,教师和学生应对其自身的角色形成正确的认知,并充分发挥自身角色的作用。教师是引导者、组织者,其职责在于引导、在于组织、在于服务,要时刻关注学生的发展情况,并及时提供引导和帮助;学生是主导者,其职责在于参与、在于亲身实践、在于自主探索,要在教师的引导下积极思考、认真反思,从而有所收获。教师和学生作为高校育人活动中的两个重要角色,他们并不是一带一的关系,而是一加一的关系,而且通过有效结合,能够产生"1＋1＞2"的效果。

3. 坚持第一课堂与第二课堂相结合原则

第一课堂和第二课堂分属两个不同的教育阵地,它们所发挥的作用也不同,但共同承担着高校育人的使命。将第一课堂和第二课堂有机地结合起来,也能够取得"1＋1＞2"的效果,所以在高校育人工作中,需要遵守第一课堂和第二课堂相结合的原则。

第一课堂是指高等学校按教学计划和教学大纲组织的教学活动,包括讲课、实验、作业、考试、实习、毕业设计(论文)等教学环节。[①] 第一课堂是高校育人的主阵地,理论知识的传授主要在第一课堂完成。如今,第一课堂的教学模式越来越丰富,教师可以结合所讲的理论知识选择相应的教学模式。需要注意的是,虽然在第一课堂中,教师负责知识的讲授,但教师不能完全主导课堂教学,仍旧要注意学生主观能动性的发挥。

第二课堂是指高等学校在教学计划之外,引导和组织学生开展的课外活动,包括学术性、知识性、健身性、娱乐性、公益性等方面的活动。它是第一课堂教学的必要补充,也是高等学校育人的重要载体。相较于第一课堂,第二课堂在形式上更加丰富,而且由于第二课堂在课外,学生的主观能动性也更容易被激发。此外,在理论知识学习的基础上,其实也需要实践予以补充和延伸,这样才能对理论知识形成更加深刻的认知。

第一课堂和第二课堂作为高校育人的两个重要阵地,第一课堂传授理论知识,第二课堂组织实践活动,两者相互联系,相辅相成,共同为高校育人目标的实现而服务。

第二节　高等教育育人的理论基础

一、自然主义教育理论

教育语境下的"自然"指的是人的天性以及人身心发展的自然规律。自然主义教育理论强调人天性的重要性,并倡导教育要顺应人类天性的自然发展,从而使人的身心得到自由的发展。[②] 自然主义教育理论的代表人物是卢梭,关于他的教育思想,我们可以从教育目标、教育方法和教育过程三个层面进行分析。

---

① 李进才.高等教育教学评估词语释义[M].武汉:武汉大学出版社,2016:154.
② 滕大春.外国近代教育史[M].北京:人民教育出版社,2002:82.

(一)教育目标:培养"自然人"

此处的"自然人"是指能够顺应人的天性而培养起来的人。在卢梭看来,人的发展有其内在规律,教育应该顺应这一规律,并保护学生的天性,从而使学生顺着其身心发展规律成长和发展。卢梭认为,理想教育培养出的人应该是能够听从内心声音,按照自己思想行动的人;是能够独立思考,有主见的人;是心灵、理智、身体、道德、审美等各方面得到全面发展的人。当然,卢梭强调的"自然人"也是在一定社会规范下发展起来的人,他所强调的自由也是在自然规范下活动的自由,而非无所约束的自由。概而言之,卢梭的自然主义教育理论是将人作为核心,教育的实施要以人为本,尊重人的革新,遵循人身心发展的内在规律,而不是压迫、强制学生学习,这样才能使学生成长为一个各方面都得到发展的"自然人"。

(二)教育方法:因材施教

在卢梭看来,教育要实现对人的身心发展规律的遵循,就需要了解不同阶段学生的身心差异,并由此确定不同的教育目标、教育方向和教育要求,即因材施教。卢梭依据人的身心发展特点,将教育划分为四个阶段:婴儿期、儿童期、少年期和青年期。不同的阶段应设定不同的教育目标、教育内容,并采取不同的教育方法。

其实,早在春秋时期,孔子便提出了因材施教的思想,他在回答子路的问题时说道:"求也退,故进之;由也兼人,故退之。"这句话的意思是冉有遇事畏缩,所以要鼓励他;子路遇事轻率,所以要加以抑制。无论是中国古代的孔子,还是西方的卢梭,都认为教育要顺应人的本性,要因材施教。虽然孔子和卢梭关于因材施教的论述存在一定的时代局限性,但他们的思想对于我国高校育人工作具有重要的指导价值和启发意义。

(三)教育过程:实践—体验—反思—感悟

卢梭反对灌输教育,他认为学生是教育的主体,要让学生去自主探索,并在实践中体验、反思、有所感悟,然后再进入下一轮"实践—体验—反思—感悟"的过程,如此反复。在卢梭看来,每个人天生便具有求知的欲望,教师需要呵护学生求知的欲望,并善于利用学生求知的欲望,让学生在求知欲的驱使下,自主开展实践活动,自主进行知识的探索,并通过对实践的反思有所收获。在现代教育中,很多学生学习的兴趣较低,一个重要的原因就是教师忽视了学生发展的内在规律,缺乏对学生有效的引导,导致学生的求知欲被压制,进而影响了学生的成长和发展。因此,教师应转变传统的教学思维,在遵循学生身心发展规律的基础上,积极组织实践活动,通过实践让学生去发现问题、解决问题,并将知识内化为自己的能力,进而获得真正的成长。

二、人的全面发展理论

马克思关于人全面发展的理论是马克思主义教育思想的重要组成部分,是我国社会主义教育方针的一个重要理论基石。马克思主义从分析现实的人和现实的生产关系入手,指出人的全面发展的条件、手段和途径。人的全面发展有其基本内涵,它包含人的体力、智力及思想道德等方面的全面发展;包含人在社会众多领域的才能及其创造;也包含在既定的历史条件下,人的个性的自由发展和如愿从事各种社会活动。这与高校育人的目标具有一致性,所以人的全面发展理论对于高校育人具有重要的指导价值。

马克思关于人的全面发展理论经过本土化后更加符合我国的国情,在指导我国教育方针的制定中发挥了重要的作用。进入新时代后,人的全面发展理论也发生了一定的变化,其内容在不断丰富。具体而言,新时代人的全面发展理论的主要内容大致包括两个方面——人的素质的全面发展和人的能力的全面发展,内容如下所述。

(一)人的素质的全面发展

人的素质的全面发展可以概括为三个方面:科学文化素质的全面发展、思想道德素质的全面发展以及身心健康素质的全面发展。

1.科学文化素质的全面发展

从内容层面来看,科学文化素质包括科学素质和文化素质两个基本素质。其中,科学素质是指掌握科学知识、树立科学思想,以及运用科学方法解决问题的能力。文化素质是指掌握人文社科知识,如文学、艺术、历史、社会等学科的知识,以及运用这种知识解决问题的能力。从古至今,科学和文化都是推动人类社会发展的两个重要动力,缺少了科学技术和文化知识的支持,社会发展的速度必然会放缓,甚至会停滞。因此,在人的素质的全面发展中,科学文化素质的全面发展是重中之重。

2.思想道德素质的全面发展

关于思想道德素质的全面发展,我们可以用三个词语来归纳总结——大德、公德和私德。大德指国家情怀、民族责任方面的"德"。公德指社会公共环境中表现出的"德",主要体现在三个方面:第一,体现在人与自然的关系方面,如节约资源、保护环境、敬畏生命等;第二,体现在人与社会关系方面,如爱护公物、维护公共利益、捍卫公序良俗等;第三,体现在人与人的关系方面,如乐于助人、诚实守信、尊老爱幼等。公德对于社会秩序的维持发挥着重要的作用,是人思想道德素质中最核心的素质。私德是指个人修养方面的"德",主要体现在个人的道德品质方面,如坚韧不拔、言行如一、以己度人等。总而言之,大德、公德、私德共同构成了个体的思想道德素质,这也是人的思想道德素质全面发展的主要内容。

3.身心健康素质的全面发展

从内容层面来看,身心健康素质包括身体素质和心理素质两个基本素质。身体素质是指人的各种生理素质的总和。[①] 身体是革命的本钱,没有健康的体魄,便不能完成学业,更不能进行社会建设。因此,身体素质是人素质全面发展的基础。在全民健身的大背景下,无论大学生,还是社会群众,都应该重视健身的重要性,并通过锻炼提升自己的身体素质。心理素质是指所有与自我意识和以情绪为内核的心理活动相关的机能。[②] 心理素质同时受先天因素和后天因素的影响,在先天的基础上,后天的环境影响或者教育培训、实践活动等都可能影响人的心理素质的发

---

① 黄小华.思想政治教育价值实现论[M].北京:光明日报出版社,2019:190.
② 夏青.情绪管理学[M].北京:光明日报出版社,2018:173.

展。心理素质是一项非常复杂的心理机能,它表现为个体的自我意识、情绪、情感、认知能力、气质、性格、心态、意志品质等。心理素质的发展对个体的心理健康具有重要作用,甚至会对个体的身体素质产生影响。因此,无论大学生,还是社会群众,都应该加强对自身心理素质的关注,并加强自身心理素质的建设。

(二)人的能力的全面发展

人的能力的全面发展可以概括为三个方面:认知能力的全面发展、建设社会能力的全面发展和开发自然能力的全面发展。

1.认知能力的全面发展

认知能力的全面发展包括战略思维能力的发展、历史分析能力的发展、辩证思维能力的发展和创新思维能力的发展。

战略思维能力是一种从全局视角看待问题的能力。看待事物时,我们虽然不能忽视细节,但也不能处处拘泥于细节,而是要高屋建瓴,以宏观的眼光去看待事物的发展。

历史分析能力是一种在把握历史规律基础上总结经验的能力。社会历史发展虽然是复杂的,但并非没有规律可循,我们要善于分析历史发展的规律,并从中总结出一些适用于现代社会的经验。

辩证思维能力是一种用辩证性思维看待事物的能力。世间万物并非孤立存在的,而是相互影响、相互联系、相互制约的,事物之间的这种联系性决定了我们在看待事物时不能以孤立的观点看待问题,而是要从广泛的联系性出发。

创新思维能力是一种以崭新的思维方式看待问题的能力。创新思维能力表现为不拘泥于传统的观念和思维方法,而是能够从习以为常的思维中跳脱出来,敢于用新的思维方式解决问题。

2.建设社会能力的全面发展

建设社会能力的全面发展主要体现在三个方面:解决社会矛盾能力的发展、协调社会关系能力的发展以及认识自我与社会关系能力的发展。

在社会发展过程中,社会矛盾是起决定性作用的矛盾,只有解决了社会矛盾,才能保证社会的平稳发展。在社会生产生活中,我们必然会与他人产生交往,而在交往的过程中,难免会产生摩擦和矛盾,这就需要我们具备协调社会关系的能力,从而更好地解决社会交往中遇到的种种问题。社会发展建立在以人为本的基础之上。在社会发展的过程中,每一个人都是建设者,每一个人都发挥着一定的作用,我们应认识到自身的价值,并不断发展自身的能力,从而为社会的发展贡献一份力量。

3. 开发自然能力的全面发展

开发自然能力的全面发展主要体现在三个方面:探索自然规律能力的发展、利用自然资源能力的发展以及人与自然和谐相处能力的发展。

探索自然规律是指要透过复杂的自然现象,解释其背后的规律,从而在把握自然规律的基础上克服自然资源开发的盲目性。

自然资源并不是取之不尽、用之不竭的,面对有限的自然资源,有效地利用是关键,这样才有助于人类的可持续发展。

无论是对自然规律的探索,还是对自然资源的利用,都需要遵守人与自然和谐相处的原则。人与自然是相互依存、相互渗透的,人不是自然的征服者,更不是自然资源的攫取者,我们应培养自己与自然和谐相处的能力,并构建一种崭新的"生命共同体"的关系。

三、认知发展理论

(一)认知发展理论的基本观点

认知发展理论是由著名儿童心理学家皮亚杰提出的,虽然该理论以儿童为主要的研究对象,但对各个阶段的教育都具有一定的指导意义。

1. 图式

图式即认知结构。"结构"不是指物质结构,而是指心理组织,是动态的机能组织。图式具有对客体信息进行整理、归类、改造和创造的功能,以使主体有效地适应环境。认知结构的建构是通过同化和顺应两种方式进行的。

2. 同化

同化是主体将环境中的信息纳入并整合到已有的认知结构的过程。同化过程是主体过滤、改造外界刺激的过程,能够通过同化优化并丰富原有的认知结构。同化使图式得到量变。

3. 顺应

顺应是指当主体的图式不能适应客体的要求时,就要改变原有图式,或创造新的图式,以适应环境需要的过程。顺应使图式得到质的改变。同化表明主体改造客体的过程,顺应表明主体得到改造的过程,通过同化和顺应了建构新知识。

4. 平衡

平衡是主体发展的心理动力,是主体的主动发展趋向。皮亚杰认为,儿童一出生,就是环境的主动探索者,他们通过对客体的操作,积极地建构新知识,通过同化和顺应的相互作用达到符合环境要求的动态平衡状态。皮亚杰认为,主体与环境的平衡是适应的实质。

(二)学生认知发展的四个阶段

皮亚杰依据认知结构的演变过程,将儿童的认知发展划分为四个阶段。笔者在分析皮亚杰认知发展理论的基础上,将其适用范围进一步扩大,总结为学生认知发展的四个阶段,具体内容如表 1-1 所示。

表 1-1 学生认知发展的四个阶段

阶段	年龄	特征
感知运动阶段	0~2 岁	该阶段儿童的认知结构为感知运动图式,儿童借助这种图式可以协调感知输入和动作反应,并依靠动作去适应环境
前运算阶段	2~7 岁	该阶段的儿童建立了符号功能,能够借助心理符号进行思维,但其思维方式主要以自我为中心,且不具备逻辑性
具体运算阶段	7~11 岁	该阶段学生的认知结构转变为运算图式,以自我为中心的思维方式也开始减少,并且思维开始具备逻辑性,能够运用数字、类别、空间等重新构建世界
形式运算阶段	11 岁以后	11 岁以后,学生的思维逐渐抽象化,对事物的认识摆脱了具体实物的束缚,能够合乎逻辑地运用抽象概念进行假设、推测、归纳,并在此基础上形成观点

(三)认知发展理论的指导意义

认知发展理论和教育是密切相关的,它对现代教育产生了很大影响,对于高校育人工作也有重要指导意义。

1.育人活动应适应学生的认知发展水平

上文将学生的认知发展分为四个阶段,虽然大学各年级都属于第四阶段,但笔者在实际的教育工作中发现,不同年级的大学生在认知上也存在差异,所以针对大学生开展的育人活动也需要进一步分析大学生的认知发展水平,并制定适应学生认知发展水平的育人活动。

2.育人活动应帮助学生不断建立新的平衡状态

由认知发展理论可知,学生认知发展的过程是一个平衡不断构建的过程,智力正是在有机体作用于环境(同化作用)和环境作用于有机体(顺应作用)两种机能作用下,经过不平衡—平衡—不平衡的不断循环往复,才从低到高不断发展和丰富的。① 因此,在高校育人活动中,教育工作者需要不断打破学生原有的平衡,并帮助学生建立新的平衡,从而不断促进学生认知水平的提升。

3.育人活动应充分发挥学生的主体作用

认知发展理论从本质上指出了学生认知形成的过程是一个学生自主建构的过程,学生在与外部环境不断地相互作用的过程中,促进了自身认知水平的发展。因此,在高校育人活动中,要充分发挥学生的主观能动性,让学生积极地进行探索,而教师只作为引导者和帮助者,在必要的时候予以学生帮助。

---

① 陈瑞芳,郑丽君.皮亚杰认知发展理论及其对当代教育教学的启示[J].当代教育论坛(校长教育研究),2007(5):44-45.

第二章　高等教育组织育人理论与机制构建

第一节　组织育人的内涵与特征

立德树人是高等学校的根本任务,要实现立德树人的目标,就需要一定的载体去开展大量的工作,这就是高校中各级各类型的组织。其中,既有党的组织——从校党委、校党委下属各二级单位党组织(以下简称"二级党组织")到基层党支部,也有其他群众性组织,这些组织在高校立德树人根本任务的实施中发挥着不同的作用,是高校"三全育人"育人系统中"组织育人"体系的主体部分。

一、组织育人的内涵

(一)组织育人的含义

研究新时代高校组织育人必须准确把握其深刻的内涵,将其放在"十大"育人体系中,注意高校组织育人与高校其他育人体系的区别。

1. 组织育人的含义

高校组织的含义包括三个内容:一是如何构建组织活动分工体系,二是组织权力结构体系,三是组织活动规范体系。分工是以功能或作用为基础的。构建组织活动分工体系,实际上就是根据负责事务的不同构成不同的育人体系。高校组织包括党组织、团组织、学生社团、关工委组织等各类组织。

高校组织育人坚持立德树人根本任务,以党的组织为统领,发挥工会组织、团组织和大学生自治组织等各级各类组织的育人功能,并将主流思想政治观念和核心价值观贯彻融入其中,因势利导,从思想政治素质、核心价值观、综合素质等方面对学生进行全方位教育,形成合力,培养德智体美劳全面发展的社会主义建设者和接班人。

2.组织育人与其他育人体系的关系

教育部党组印发的《高校思想政治工作质量提升工程实施纲要》进一步细化"全员全过程全方位育人"要求,提出要构建"十大"育人体系,即课程育人、科研育人、实践育人、文化育人、网络育人、心理育人、管理育人、服务育人、资助育人和组织育人质量提升体系。

(1)课程育人。要大力推动以"课程思政"为目标的课堂教学改革。这就是要求学校要紧紧抓住课程教学这一基础性的中心环节,以课堂教学为重点,深化课堂教学改革,全面提升"课程思政"能力和水平,构建全课程体系的育人模式,使学生只要身处课堂,就能接受思想政治教育,起到"润物细无声"的作用。

(2)科研育人。要发挥科研育人功能培养师生至诚报国的理想追求、敢为人先的科学精神、开拓创新的进取意识和严谨求实的科研作风。这就是要求高校要发挥科学研究的作用,将科学研究作为一个有效的育人载体,在指导学生开展相关研究的过程中来教育学生,从而达到育人育德的目标。

(3)实践育人。要坚持理论教育与实践养成相结合,整合各类实践资源教育引导师生在亲身参与中增强实践能力、树立家国情怀。实践育人是课堂教育的延伸,以培养学生的实践能力及创新精神为目标,促进学生综合素质提升,是提高高校教育质量的必然选择,在高校教育中具有不可替代的地位和作用。

(4)文化育人。要注重以文化以人文育人优化校风学风,繁荣校园文化,培育大学精神,建设优美环境,滋养师生心灵、涵育师生品行、引领社会风尚。文化育人主要指校园文化,包括校风学风、校园人文环境、社团活动等各种文化活动等,目的在于树立和提升新时代大学生的文化自信,落脚点在于坚定"文化自信",这是提升学生"四个自信"的重要环节,要发挥文化潜移默化的作用。

（5）网络育人。要大力推进网络教育,加强校园网络文化建设与管理推动思想政治工作传统优势同信息技术高度融合,引导师生强化网络意识,树立网络思维,提升网络文明素养,创作网络文化产品,传播主旋律、弘扬正能量,守护好网络精神家园。网络育人是紧跟时代大势而提出的,目的在于坚持党对意识形态工作的领导权,建好、用好、管好校园网络媒体,发挥网络育人作用,积极营造风清气正的网络空间,是将互联网和思政工作有效结合的产物。

（6）心理育人。要坚持育心与育德相结合,加强人文关怀和心理疏导着力培育师生理性平和、积极向上的健康心态,促进师生心理健康素质与思想道德素质、科学文化素质协调发展。心理育人是积极贯彻全面健康理念的产物,也是培养学生健全人格的有效途径,要立足构建教育教学、实践活动、咨询指导、预防干预为主要内容的心理育人工作体系,加强专兼职心理育人队伍建设,让学生普遍享有专业、系统、精准、温情的心理健康指导,帮助学生拥有积极健康向上的心态。

（7）管理育人。要把规范管理的严格要求和春风化雨、润物无声的教育方式结合起来,大力营造治理有方、管理到位、风清气正的育人环境。管理育人是高校管理者将学校日常管理与育人工作有机结合起来,在日常管理中体现育人功能,管理主要体现在制度上,即体现为制度育人。

（8）服务育人。要把解决实际问题与解决思想问题结合起来,围绕师生、关照师生、服务师生。服务育人是现代服务业的新理念,起初是立足于为现代服务业的发展提供专业人才,是从教育管理中引申发展而来的教育理念。就高校而言,服务育人的概念更多是与高校后勤工作联系起来的,彰显后勤工作的职责与使命,学生在其中是作为主体"被服务"的。

（9）资助育人。要把"扶困"与"扶智"、"扶困"与"扶志"结合起来形成"解困—育人—成才—回馈"的良性循环,着力培养受助学生自立自强、诚实守信、知恩感恩、勇于担当的良好品质。资助育人是传统学生资助的升华,增强了资助的育人功能,秉承的是"经济上资助,成才上辅助"的理念,在做好经济资助的同时,当好学生成长路上的引路人,增强学生的感恩教育,深入研究经济困难学生的成长特点和发展需求,搭建全方位的辅助平台,实现全过程育人。

(10)组织育人。要把组织建设与教育引领结合起来,强化高校各类组织的育人职责把思想政治教育贯穿各项工作和活动,促进师生全面发展。组织育人是实现立德树人的重要载体和途径,体现了全员、全过程、全方位的育人格局,是与"课程育人"等其他育人体系相辅相成的。

新时代高校组织育人的功能是全方位的。一方面,组织育人遵循"认识—实践—认识"的规律,将理论知识的学习认知和社会实践有机结合起来,通过党组织、社团组织等组织的各类活动全面提高学生的政治素质、综合能力和行为规范等,体现了组织育人的主动性育人功能和特征;另一方面,高校组织育人工作以立德树人为中心环节,发挥各级各类组织的作用,实现"第一课堂"与"第二课堂"的有机结合,打通了理论与实践,更加突出学生的参与性和主体性,强调体验性,实现知行合一。组织育人使组织的职能更完整地得到发挥,显现、包容了德智体美劳等方面的育人内容。组织育人结合了组织自身的建设和组织的政治引领功能,强化了育人的职责,增强了工作活力,促进了工作创新,发挥了群团、学生、学术等组织在联系服务、团结凝聚师生上的桥梁纽带作用,把思政教育贯穿于各项工作和活动中,促进师生全面发展。

(二)组织育人理论基础

1.组织行为学理论

组织行为学是对一个环境中所有成员的行为、环境相互作用中成员的行为等进行研究的理论。在行政组织理论对学校的影响方面,阿波特认为:第一,学校组织确实受到专业化和任务要素分解的影响,学校分成了各种年级、学科;第二,学校组织发展成为一种界定清晰和严格的权力等级化的组织;第三,学校组织严重地依赖运用一般规则控制组织成员的行为,提出标准来确保完成任务的一致性;第四,除了经常关注学校的整体性和民主性外,学校组织已经广泛地采取了韦伯的非个体性的原则,这种原则是建立于理性的考虑而不是魅力品质或传统的强制性。

高校的根本任务是培养人,因此,高校组织育人是为了整合相关资源,协调各类组织间的关系,调动各类组织的积极性、主动性,发挥各自优势,将消极的、不利的因素控制到最低,通过增强育人效果,遵循学生发展规律与组织发展规律,以计划、协调、控制等手段整合各类资源,形成育人合力。

2.协同理论

"协同"指的是协调一致、和谐共生。德国科学家赫尔曼·哈肯首次系统阐述了协同学思想,指出各个子系统间存在相互联系、相互合作的关系,由此形成开放复杂的系统,而系统能否发挥协同效应是由各组成部分共同决定的。

高校组织育人系统具有显著的整体性特征。它虽然由诸多要素共同组成,而且各要素在目标、内容、教育者和教育对象等方面都具有自身的特点,但其最佳效果的实现并不是各要素功能简单相加就能达成的。只有在服从组织育人整体目标的前提下,最大限度调动各组成要素的积极作用,使其密切配合、协同运作,完成有序目标,才能达到最佳的育人效果。因此,要提升高校组织育人工作质量,就必须做到人在哪里思想政治工作就在哪里,各守一段渠,种好责任田,履行好各自职责。

二、组织育人的特征

(一)协同性

高校在当前的人才教育与培养中担负着义不容辞的重要责任。当前,在高度信息化的时代背景下,知识更新加快,信息复杂多变,价值观念多元并存,教育呈现更加开放的状态,要实现良好的思想政治教育效果和育人目标,更加需要高校各组织之间的团结和协同,在发挥各独立要素自身教育效力的基础上,进一步促进各自的优势联合,激发联动效应,推进生成更高效的组织育人效能。在共同目标、价值共识的激励和制度规范约束下,各育人组织需明确责任,加强组织建设和运行机制建设,强化共同体意识和责任感,实现资源与信息的共享,将组织的多样性、差异性、分散性的资源整合成教育目标统一、实施过程一致的新资源,加强合作与协调,形成育人合力,构成组织育人协同系统,形成组织育人的协同机制,共同开展理论学习、组织文化陶冶、社会实践等活动,实现共同体的全员、全过程、全方位育人。

(二)发展性

在国际国内形势深刻变化、不同思想文化交流交融交锋、社会思潮多元多样多变的时代背景下,高校的组织育人环境发生了深刻变化。在新形势下,高校组织育人资源更加丰富,育人要素更加多元,育人过程更加复杂,育人空间极大拓展。我们要用发展的眼光看待组织育人的功效。一方面,组织在不同时期,有着不同的历史使命,需要完成相应的目标任务,组织也因时代特点和发展需要有所不同,组织的定位、目标和举措都在发生变化,因此,组织育人的范畴、方法、内容都会随着社会的变化而不断演变。另一方面,作为动态系统的组织育人体系,它不是一成不变的,必须根据时代形势与内部需求,适时更新和优化,从而更加符合和满足育人的需要。高校组织本身要不断适应新时代特点,把握主要矛盾,厘清关键问题,构建符合规范要求、适应社会和成员需要的工作格局。组织育人的实施开展,要采用学校师生喜闻乐见的方式方法,把"解决实际问题"与"解决思想问题"结合起来。高校组织育人还需要顺应时代发展的要求,积极开拓新的育人阵地和平台,实现思想政治教育工作空间的升级。

(三)创新性

高校组织育人工作需要全员、全过程、全方位参与,需要在新思政观的引领下进行综合改革,不断创新。在新的时代背景下,积极推进"互联网+"语境下高校组织育人模式创新成为高校组织育人的重要内容,实际上互联网的持续发展为"三全育人"理念下高校组织育人模式创新提供了便利,"虚拟网络组织冲击和改变了传统实体大学生组织引导管理的模式和手段,并在深层次上影响了大学生的成长发展"①。因此,在具体推进"三全育人"理念下高校组织育人模式创新过程中,要积极采用互联网技术,充分利用微信公众号、微博等新媒体,结合人们感兴趣的网络热点事件,精选网络资源,及时推送至网络平台上,以便人们可以不受时空限制地进行阅读和学习,同时也要切实加强对网络言论的有效监管,发现问题要及时采取有效措施加以干预。

新媒体技术的广泛运用,对各组织教育主体提出了更高的要求。教育主体应主动地学习和应用新媒体技术,不断地提高自身素质和能力。一是要转变教育观念。在传统教学中,人们普遍重视教育者的主体地位,忽视受教育者主体功能的发挥,这在新媒体环境中严重影响了高校价值观教育的实效性。为了更好地对受教育者开展教育,教育者应转变教育观念,尊重受教育者的主体地位,切实把教育者的外在引导与内在自觉结合起来。二是要提升运用新媒体的知识与技能。各级组织教育主体应积极培育自身的信息素养,熟练地掌握和应用新媒体技术,及时挖掘网络信息来充实自己的教育素材,以提升自己的网络表达力,增加教育内容的感染力。三是要提升受教育者的媒介素养。新媒体技术大大激发了受教育者的主体性,高校应适时开展媒介素养教育,普及新媒体知识,提高他们分析和辨别媒介信息的能力,增强教育的实效性。

各高校党委要积极鼓励、支持和引导高校组织和党员干部主动占领网络舆论阵地,创新工作方式方法,遵循网络传播规律,发出正声音,弘扬正能量,用发生在身边的先进事迹去感染人、影响人和塑造人。在探索和构建网络时代组织育人新模式的过程中,要注意以下三点:一是对高校组织探索网络育人的做法要给予政策倾斜和经费支持;二是对网络育人的新方式方法,不能仅停留在育人内容的表面,更要重视育人内容的深入探索与研究,增强网络育人的实效性;三是要将各组织尤其是高校基层党组织开展网络育人工作纳入年终绩效考评中,对开展该项工作成绩显著的

---

① 王功敏.大学生网络组织建设管理路径[J].华南理工大学学报(社会科学版),2015.3(17).

基层党组织要给予奖励,并加大宣传力度,形成正面引导。

第二节　组织育人的类别

一、党组织育人

(一)校党委育人

在"三全育人"视域下,高校党委的育人功能主要体现为发挥党委把方向、管大局、作决策、保落实的坚强作用,切实履行好主体责任,着力营造扎严抓实的氛围,形成一级带一级、层层抓落实的责任链条,构建分级负责的金字塔式责任架构形态,不断开创"三全育人"视域下高校党建工作新局面。

1.把方向:坚持社会主义办学方向

大学教育关系到培养什么样的人、怎样培养人的根本问题。立德树人必须坚持以马克思主义为指导,必须坚持社会主义办学方向,必须坚持党的领导。

办好我国高等教育,必须坚持党的领导,牢牢掌握党对高校工作的领导权,使高校成为坚持党的领导的坚强阵地。高校要坚持和不断完善党委领导下的校长负责制,坚持从严从实加强党建工作,充分发挥党组织总揽全局、协调各方的领导核心作用。高校党委还要潜移默化地使社会主义核心价值观润物细无声地浸润师生心田,转化为日常行为,增强师生对学校的认同感、归属感、荣誉感;打造品牌活动,提升校园文化建设层次;通过校园系列品牌活动,使师生从中学知识、受教育、长才干,增强对学校、对社会的使命感和责任感,提高师生的价值判断和选择能力,营造健康向上、积极进取的校园文化氛围。

2.管大局:精准定位谋划学校发展

高校党委要提高谋划全局、科学决策的能力,彰显高校党委的核心作用。高校党委是学校各项事业的领航人,必须以当前为基础,放眼未来,做好顶层设计,准确把握我国经济社会发展的新形势,精心谋划学校科学发展的指导思想、发展战略和目标。高校党委需要牢固树立"以人为本"的治校理念,规范办学行为。从质量立校、人才强校、文化兴校、特色品牌、产教融合等方面规范学校发展战略。围绕专业特色、行业特色、育人特色,探索人才培养新途径、教育教学新手段,打造专业、课程、师资等系列品牌,提升办学品位,增强学校在教学、科研、管理服务等各方面的综合软实力,提高学校的知名度和影响力。持续推动办学机制、教育培养模式、管理服务机制、师资人才培养模式、招生办法等方面改革。构建党的建设强基工程、学科建设发展工程、师资队伍培育工程、素质教育延展工程、就业能力提升工程、合作办学深化工程、社会服务拓展工程、智慧校园建设工程、后勤服务保障工程、校园文化营造工程,规划设计好学校发展的时间点和路线图,突显办学特色,走内涵式建设发展道路。

3. 工作决策:顶层设计与问题导向相结合

推进学校治理体系和治理能力现代化的根本任务是做好顶层设计。通过完善党的建设、思想教育、教学、科研、管理等各个方面的制度建设,形成完备的学校治理体系。同时提高学校运用制度治理学校的能力,形成责任层层递进、层层传导的链条式责任体系。做好新形势下高校的各项工作,必须把破解学校发展不平衡不充分的问题作为目标指向,加大改革创新力度,提高精准施策能力,找准工作重心,明确发展目标,强化优势、补齐短板,着力破解学校各个工作领域存在的问题,全面推动学校治理体系和治理能力的现代化。坚持问题导向,破解难题。高校想要深化教育教学改革,党委必须坚定改革意志,具有钉钉子的精神。

4. 抓保障:构建责任制度体系

(1)构建责任制度体系。坚持全面从严治党,高校党委要义不容辞地扛起责任担当,建立健全责任划分明晰、责任界定明确、责任监督有力、责任主体明确的党建工作责任体系,形成一级带一级、层层抓落实的责任链条,推动领导干部和各级党组织更好地担当历史使命,把全面从严治党转化为具体的制度和行动。

（2）明晰责任划分。高校构建"四位一体"责任体系，关键在明晰责任，明确政治建设、思想建设、组织建设、作风建设等方面工作的责任，形成自上而下、逐项落实的工作机制，从党委领导班子成员到实施部门明确责任清单，形成分级负责的金字塔式责任架构形态。

（3）明确责任界定。明确主体责任、第一责任、重要责任和具体职能责任，把从严治党融入学校发展的中心工作中，统一部署、实施和考核。

（4）强化责任监督。强化定期报告制度和专项述职制度。各级党组织书记每年向上级党组织进行述职，推进"两学一做"学习教育常态化制度化情况，强化基层基础保障情况，抓基层党建工作创新做法、取得的成效、存在的突出问题，加强和改进工作的思路措施等。

（5）强化责任考核。完善考核评价工作，重点围绕"怎么考、考什么、怎么用"建立科学和有效的考核办法，加大对考核结果的分析和运用。在工作实绩考核方面，加大基层党建工作权重，确保考准考实。要将党总支书记抓基层党建的考核结果作为评价党总支书记政治上强不强、实绩好不好、作风正不正、工作称职不称职的重要参考，作为评先评优、选拔任用干部的重要依据。

（6）明确责任追究。责任追究制度的落实是构建"四位一体"责任体系的重要保证。全面从严治党就是要解决以往各级党组织管党治党失之于宽、失之于松、失之于软的问题。

（二）二级党组织育人

高校基层党组织是开展高校党建工作的基本单位，也是高校党委全部战斗力的具体体现，更是高校党委联系和服务师生的纽带。高校基层党组织参与"全员育人"，即以实现高校人才培养为工作目标，在高校党委的正确领导下，高校基层党组织通过各种途径和形式，使每位党员认同和践行"全员育人"理念，争创"全员育人"工作先锋，最大限度地发挥高校基层党组织战斗堡垒作用及"全员育人"功效。高校基层党组织参与"全员育人"工作质量，直接影响到高校人才培养的质量。

高校基层党组织是加强思想政治工作的主阵地，充分发挥基层党组织在高校育人的作用,有利于促进学生的全面发展和健康成长。二级党组织从坚持以党的政治建设为统领、坚持以立德树人为根本任务、坚持以提升组织力为重点、坚持以压实责任为杠杆等方面认真做好学校基层党建工作,发挥基层党组织的育人保障作用。高校基层党组织建设不仅是高校党建工作的重要基础,也是高校"全员育人"工作的重要基础。如果高校基层党组织软弱涣散,没有战斗力和凝聚力,必将直接影响"全员育人"工作的实际效果。基层党组织要落实育人保障,在学校党委领导下履行政治职责,是办学育人的保障主体。基层党组织既要宣传贯彻执行党的教育方针、办学方向和学校各项决定部署,又要支持本单位行政领导班子和负责人在其职责范围内独立负责地开展工作,还要通过加强思想政治工作、选优配强"双带头人"教师党支部书记,以及在高层次领军人才、优秀青年教师和大学生中培养入党积极分子、发展党员,从人事人才、鼓励激励、监督督促各方面,为贯彻育人方向、落实育人目标提供保障。

基层党组织担负着贯彻落实党的教育方针及学校各项决定的重任,同时担负着组织广大师生员工开展育人实践的职责,应充分发挥承上启下的作用。一是根据学校统一部署,通过党政联席会议讨论和决定本单位重要事项,领导协调本单位行政负责人及工会、共青团、学生会等组织在其职责范围内独立开展育人实践活动。二是合理制订本单位育人方案,统筹协调全部育人资源,形成教学、科研、管理、资助、心理、服务等联动机制,为育人做好组织保障。三是开展思想政治工作,对本单位党员师生进行教育、管理和监督,发挥"双带头人"教师党支部书记的示范带动作用,发挥教学科研组织的积极主动作用,发挥共产党员的先锋模范作用。

作为执行者和管理者,高校基层党组织书记必须贯彻落实学校党委决定,贯彻和落实学校"全员育人"工作,准确把握和创造性地执行学校"全员育人"相关制度文件精神。同时,党组织书记还担负着教育管理各基层党组织党员、组织其完成工作任务的重任,发挥好承上启下的桥梁纽带作用。作为操作者和实施者,高校基层党组织党员的一言一行直接面对"全员育人"工作对象。因此,必须树立服务意识,转变服务态度,为师生排忧解难。

(三)基层党支部育人

高校党支部是高校党建工作的基石,担负着吸收和发展党员的重要使命,同时也承担着党员的教育、管理和服务等工作及立德树人的使命。新时代高校思想政治工作就是要坚持把立德树人作为中心环节,把培养社会主义事业合格建设者和可靠接班人作为根本目标,充分发挥党支部育人功能。

高校的党建与思想政治工作就涉及"为谁培养人"这个方向性问题。目前,高校党支部出现以下问题:育人体系不够清晰,各支部之间缺乏联动性、共生性;支部和上级党组织缺乏主动性、层次性;党支部活动模式化;党支部活动组织难度大;等等。

1. 发挥党支部育人功能要加强党的领导

加强党对高校组织育人协同体系的全面领导,保障高校组织育人功能实现,学校各级党组织要自觉担负起管党治党、办学治校、育人育才的主体职责。高校党委要做好顶层设计,充分发挥领导核心作用,落实立德树人的根本任务。院(系)党组织将学校的中心、大局与基层党组织的特点结合起来,突出政治核心作用。院(系)党支部要优化组织架构,强化组织建设,发挥战斗堡垒作用。如果说学校党委是人体的大脑核心,院系党组织就是中枢神经,而党支部就是最具活力和创造力的神经元,发挥各级党组织育人功能就是要从大局出发做好顶层架构,从基层着手使之落地生根,厘清各自功能定位和职能范畴,达到理想育人效果。

2. 发挥党支部育人功能要加强思想建设

党员教育培养过程就是一个传递信念到坚定信念的过程,因此,要把支部思想建设和教育引领结合起来。在党员发展中,要以思想政治素质为标准,把好入口关。对入党积极分子,可在其中开展党史党情教育、形势政策教育,帮助他们解放思想上入党的问题;对新入党同志,可通过网络学习交流平台的建设,举办党员骨干培训班、党员读书会等活动,帮助新党员用中国特色社会主义理论武装头脑,充分调动党员学习自觉性和主动性;对党龄较长的党员,要重点培养其思想自我净化及对马克思主义理论深入学习的能力,可以通过马列主义经典原著读书会、专家讲座等形式加强其对经典的理解和理想信念的塑造。通过支部在不同阶段有针对性的思想建设,重视党员之间的思想交流和碰撞,激发思考,坚定信念,为党支部育人功能的实现奠定坚实的思想基础。

3.发挥党支部育人功能要加强平台建设

一是拓展阵地平台建设。以单位、部门、班级阵地建设为主的党支部设置模式在党支部育人功能发挥上起着积极作用。但是随着目前高等教育的深入发展,党支部应根据新时代要求积极拓展新的组织阵地,探索在科研项目、创新团队、宿舍、实验室、社团、实习点等进行组织覆盖,通过组织引导带动优秀科研团队、文明宿舍、文明社团等的培育创建。二是探索网络平台建设。顺应时代发展和师生需求,结合青年党员的特点及新媒体的特性,遵从思想政治工作规律及成长成才规律,积极探索"互联网+党建"、示范性网上党建园地等建设,以互联网为纽带将党建、思想政治教育进行有效融合。三是搭建实践活动平台。坚持支部建设与实践育人相结合,为党员搭建锤炼党性的实践平台,在校园事务管理、校园文化建设、校风建设中充分发挥党员的模范带头作用;推进与社区共建,开展"社区服务""送文化进社区"等品牌活动,组织支部党员团队广泛开展社会公益、志愿服务、生产劳动等社会实践活动。

4.发挥党支部育人功能要加强制度建设

针对党建工作的新形势,高校党委要积极发挥育人保障功能的顶层设计,为党支部建设优化政策环境,提升育人水平。一是健全评述机制,全面推进校、院党组织书记抓基层党建述职评议,建立科学评估指标体系,重在发挥组织育人的协同性和整体效应。二是发挥榜样示范作用,注重发现、挖掘并宣传师生身边的优秀党员先进典型事例,深入提炼树立有影响力、有代表性的典型经验、典型人物、典型事迹。三是建立高校协同育人体系落实情况的督导考核机制,定期研究、联系指导、问题研究、校内巡查、工作问责,确保育人功能协同实现。四是健全困难师生党员关怀激励和帮扶机制,积极开展服务、帮扶、慰问、表彰等活动,把解决思想问题和解决实际问题相结合,既有教育引领又有温情关爱,把党支部建成党员之家、师生之家,增强师生党员的归属感和获得感。五是加强对支部育人功能评估分析。把支部育人实效作为党建考核重要环节,确立科学的评估标准。评估标准要有可测性、可行性和可比性,突出效果的差异性,避免主观随意性和评估的形式化。

二、群团组织育人

(一)共青团组织育人

共青团组织育人是高校共青团充分发挥好桥梁和纽带作用,通过团总支、团支部、学生会、社团等各级团组织,用思想行动引领青年坚定走新时代中国特色社会主义道路,为党和国家培养可靠接班人和合格建设者的过程。[①] 在"三全育人"大格局背景下,共青团组织作为密切联系青年的重要组织,作为高校思想政治工作中的重要力量,应积极找准自身定位,结合自身优势,牢记为党育人、为国育才的历史使命。高校共青团组织是团结教育学校广大青年师生员工的核心力量,在中国共产党的基本路线指引下,以共产主义精神教育团员,配合学校行政,团结全体青年师生员工,在学生中开展以创"三好"为目标、以学习为中心的活动,其在不断发展和实践过程中也体现出独特的育人优势和育人路径。[②]

1.高校共青团组织育人优势

高校共青团组织作为最有活力的群团组织之一,坚持服务青年的工作生命线,在长期的工作实践中拥有巨大的育人优势,具体表现在以下几个方面。

(1)组织优势。高校共青团组织是在党委领导下,以团委为核心、以

① 苏海泉.高校共青团组织环境下的育人工作路径探究[J].北京青年研究,2020(3):94-100.

② 刘星安,张宜振."大思政"格局下高校共青团组织育人的思考与实现路径探析[J].教育观察,2020,9(25):18-20.

学生会为主体、以社团及其他学生组织为外延的"一心双环"组织。组织依托"团—学—社"不同平台,满足青年成长成才需求,充分调动学生自我服务、自我管理、自我教育、自我监督的积极性。高校共青团具备"校团委—二级团组织—团支部"三级网络组织架构,能够实现面向绝大多数青年学生的全面覆盖和快速传导功能,实现育人工作在系统内部的高效运作。同时,高校共青团通过"从严治团"培养了一支政治过硬、素质优良的高校团干部队伍。他们普遍年轻化、讲政治、有情怀,贴近学生、不怕吃苦,愿意在共青团工作岗位上实现自身价值。因此,广大团员既是组织成员又是工作对象的双重身份,为育人工作提供了巨大便利。

(2)平台优势。高校共青团组织通过长期的工作实践,形成了学术、实践、文化、科创等多个活动平台,开展形式多样的"第二课堂"活动,既有依托专业举办的学术竞赛,又有丰富校园生活的文化活动。高校共青团充分尊重青年学生的社会性,通过"三下乡"暑期社会实践活动、"四进社区"志愿服务活动、服务就业的实习见习活动等,满足青年学生的社会化需求,使其在大量现实的、感性的实践活动中获得丰富的社会认知,从而逐步建立良好的社会角色意识。此外,高校共青团组织配合国家、地区、学校相关活动,招募各种类型志愿者,借助志愿者服务平台,覆盖绝大多数在校大学生。

(3)资源优势。高校共青团组织因自身所处环境的特殊性,资源优势主要体现在两个方面:一是能够整合校内资源。高校共青团组织在争取校党委支持的同时,积极争取组织、宣传、教务、科研、学生等多个部门的认可与配合,有利于全面推动工作。二是能够整合社会资源。高校共青团普遍重视社会化资源的运用和整合,通过社会化、市场化、项目化等方式凝聚各种社会资源和力量,既能解决共青团资源匮乏的问题,又借助校外优质平台,提升了共青团工作的水平和社会影响力。

2.高校共青团组织育人路径

高校共青团组织育人的主要路径包括如下三个方面。

(1)政治思想引领。一个组织的属性决定了它的初心,决定了它的使命。中国共产主义青年团是中国共产党领导的先进的青年群众组织。共青团组织本质上是政治组织,政治属性是共青团的第一属性,强化政治建团是共青团的政治定位。[①] 要引导青年学生深入学习党中央治国理政的新理念、新思想和新战略,使青年学生对党的路线、方针、政策产生内心认同感,增强他们的道路自信、理论自信、制度自信、文化自信;同时要加强舆论引导,引导青年学生正确认识世界和中国发展大势,正确认识中国特色和国际比较,正确认识时代责任和历史使命,因此,加强政治思想引领是共青团组织育人的题中之意。

(2)道德价值观培育。高校共青团在培育和践行社会主义核心价值观这一重要的工作项目中,采用了鲜活多样的工作方式,促使青年学生充分理解社会主义核心价值观的历史底蕴和深刻内涵,把弘扬以爱国主义为核心的民族精神和以改革创新为核心的时代精神作为自己的价值追求。

(3)能力素质提升。要注重发挥共青团、学校社团、学生自治组织的作用,调动学生参与的积极性,开展形式多样、健康向上、格调高雅的校园文化活动,注重学生的德智体美劳的全面发展,使学生成长为社会所需要的"全面的人"。

(二)工会组织育人

1. 工会组织在"三全育人"中的地位

(1)参与"三全育人"是党赋予工会的政治使命。

①政治性。群团组织要始终把自己置于党的领导之下,在思想上政治上行动上始终同党中央保持高度一致,自觉维护党中央权威,坚决贯彻党的意志和主张,严守政治纪律和政治规矩,经得住各种风浪考验,承担起引导群众听党话、跟党走的政治任务,把自己联系的群众最广泛最紧密地团结在党的周围。

---

① 张良驯.共青团政治性、先进性、群众性在改革中的新跨越[J].中国青年社会科学,2017,36(2):78—84.

②先进性。要紧紧围绕党和国家工作大局,组织动员人民群众走在时代前列,在改革发展稳定第一线建功立业。要教育引导广大人民群众不断提高思想觉悟和道德水平,坚定走中国特色社会主义道路,真正成为党执政的坚实依靠力量、强大支持力量、深厚社会基础。

③群众性。群团组织开展工作和活动要以群众为中心,让群众当主角;要进万家门、访万家情、结万家亲,经常同群众进行面对面、手拉手、心贴心的零距离接触。群团组织和群团干部特别是领导机关干部要争当党的群众工作的行家里手;要高度注意群众的广泛性和代表性问题,更多把普通群众中的优秀人物纳入组织,明显提高基层一线人员比例。

④服务性。群团组织要着眼党和国家工作大局,立足职责定位,立足所联系的群众;要强化服务意识,提升服务能力,挖掘服务资源,坚持从群众需要出发开展工作,更多把注意力放在困难群众身上,努力为群众排忧解难,成为群众信得过、靠得住、离不开的知心人、贴心人;要把竭诚为职工群众服务作为工会一切工作的出发点和落脚点,全心全意为广大职工群众服务,认真倾听职工群众呼声,维护好广大职工群众合法权益,扎扎实实为职工群众做好事、办实事、解难事,不断促进社会主义和谐劳动关系。

"三全育人"是新形势下党对高等教育赋予的历史使命。工会在凸显"政治性、先进性、群众性"的同时,理应把"三全育人"作为自己的政治使命,在"三全育人"中发挥"群众性"、增强"先进性"、体现"政治性",在增强"群众性、政治性、先进性"中突出"服务性"。

(2)参与"三全育人"是由工会的性质决定的。

中国工会是职工自愿结合的工人阶级群众组织,这一点决定了工会具有广泛的群众基础。在"三全育人"工作过程中,高校工会理应充分发挥好桥梁纽带作用。高校工会是和谐校园的重要推手,在凝心聚力服务学校事业发展、人才培养等中心工作发挥重要作用,具有不可替代性。这主要表现为:教职工是"三全育人"的主体,是实现教书育人、管理育人、服务育人、文化育人等的实施者,在"三全育人"中起到引领作用;而工会作为教职工的"娘家人",担负着把党的意志、方针、决策传递给自己"家人"的职责,成为义不容辞的"桥梁"和"纽带"。这种"传递"更自然、更顺畅。这就直接决定了工会在"三全育人"过程中的不可或缺的地位。

在新形势下,工会如何履行职能?关注职工所关心的热点难点问题,维护好职工合法权益,事关单位稳定大局。以维护职工根本利益为着力点,以抓好宣传教育工作为结合点,以加强工会自身建设为基础,进一步解放思想、更新观念,注重工会组织的优势,为全面完成年度的各项工作任务充分发挥工会组织的桥梁与纽带作用。要做好职工引导教育,坚持发挥职工聪明才智;以维护职工利益为着力点,积极为职工排忧解难、办实事;运用劳动法规,维护单位和职工合法权益、强化工会职责,全方位发挥稳定效能。

(3)参与"三全育人"是高校工会职能的必然要求。

①参与职能:代表和组织职工参与国家和社会事务管理,参与企业、事业单位民主管理,实施民主监督,是工会代表职工权益、依法维护职工利益的重要渠道、途径和形式。工会要加大对法律法规执行情况开展群众性监督的力度,主动参与立法,从源头上依法维护职工的权益。

②维护职能:维护职工合法权益是工会的基本职责。工会维护了职工的合法权益,就是维护了党与群众的血肉联系,就是维护了稳定的大局,就是维护了执政党的执政地位和执政基础。

③建设职能:工会代表和维护的职工具体利益的最终实现也在于促进经济的发展和生产力的提高。所以,工会必须从工人阶级的长远利益出发,引导广大职工群众参加建设和改革,努力完成经济和社会发展任务,积极推动社会经济效益和生产力的提高。

④教育职能:工会教育职能包括思想政治教育和文化技术教育。要有效维护自己的合法权益,就必须有较高的素质。这就需要学习,接受教育。因此,工会为了更好地维护职工合法权益,就必须履行好教育这一职能。可以这么说,这四大职能都直接或间接地与"三全育人"有关。因为高校的最终目的和根本任务是培养人才。工会必须参与其中,并且要维

护好"三全育人"的主体——教职工的合法权益,充分发挥教职工干事创业的积极性;教育要引导工会会员提升道德文化素养,提升会员的"三全育人"的水平和本领、能力与素质。总之,"三全育人"是高校工会职能的题中之意、必然要求。

2. 目前工会组织在"三全育人"中的现状分析

(1)工作运行机制构建不全。要深入把握党的群团工作规律,完善党委领导群团组织的制度,提高党的群团工作科学化水平,并多次强调要加强对工会干部的教育、管理、监督,完善联系职工群众的制度机制,深入基层一线,加强调查研究,让职工群众真正感受到工会是职工之家,工会干部是最可信赖的娘家人、贴心人。作为社团法人的高校工会以其法定主体地位的独立性、广大教职工利益的代表性,要以平等身份参与到高校规章制度的制定中,担当起反映教职工意愿和维护其合法权益的职能角色。国家和社会由高度集中的计划经济体制向社会主义市场经济体制的转变,使得高校由封闭、单一的管理模式向开放、多元的方向发展,利益需求日益多样化、复杂化。一些群体的利益不能被公平公正对待,利益受损群体表达诉求的渠道不畅通,便易于引发矛盾,影响群体干事创业的积极性和主观能动性的发挥,当然也会影响到广大教职工参与学校重要工作——"三全育人"的积极性。

(2)工会的教育引领作用发挥不足。工会的教育引领作用发挥有限,工会在教育教职工方面形式比较单一,部分教职工参与工会活动积极性不高。新时代教职工的需求更趋多元,教职工视野更加开阔、自主意识更强,需要针对教职工差异化、精准化服务需求,拓展思路,加强工会改革创新,积极探索"互联网+"背景下工会工作的转型升级,切实改进教育引领服务教职工的方式手段。

(3)工会号召力与影响力不够。目前,高校领导和教职工对工会工作的重要性认识不足。有的认为高校应以教学和科研工作为重点,工会工作是软指标,在学校建设中应主抓教学和科研工作,工会工作只是一种"可有可无"的辅助性工作,忽视工会在学校改革发展和民主管理中的重要作用,对工会的工作支持力度不够,削弱工会在教职工中的影响力;有的认为工会部门就是"发福利""搞活动"的组织,民主管理是学校党委的工作,与工会工作毫不相关,忽视了工会的政治性和群众性特性。

3.工会组织推进"三全育人"的路径

(1)把好政治方向。工会作为党联系群众的纽带和桥梁,要时刻不忘讲政治,要紧紧围绕党中央的一系列方针政策,吃透、领会其精神内涵,始终坚持贯彻落实好党中央的方针决策。要严把政治关,在政治上不能有半点含糊。要坚持党建带工建,坚持在党委的领导下开展各项工作,组织各种活动,让教职工在活动中得到政治上的熏陶,提高政治素养和能力,为"三全育人"提供政治保证。当然,这个讲政治要讲方式、讲艺术,不是干巴巴的说教,要寓教于乐、以情动人,把无形的政治思想意识融入有形的各项活动中去。循循善诱,潜移默化,春风化雨,润物无声。在制订工作方案时,不能搞形式主义、官僚主义,因为广大群众最反感形式主义、官僚主义。工会是群众组织,更要从群众中来到群众中去,要做教职工的知心人,帮他们排忧解难。我们党坚持以人民为中心,工会就要以教职工为中心,要心怀一颗对党和人民忠诚的心,在坚持正确的政治方向的前提下大胆创新,使文化建设和内涵更具活力,更能凝心聚力,以文化的力量助推新时代中国特色社会主义事业的发展。

(2)守住文化阵地。文化是一个国家与民族的灵魂,文化是一个国家与民族更基础、更广泛、更深厚的自信。深刻理解和领会精神内涵,抓住内涵核心本质,就是守住文化建设的阵地。要坚持扎根人民群众、为人民群众服务的思想,坚持把广大教职工都吸引到健康积极向上充满正能量的生活状态中去。启迪思想、温润心灵、陶冶人生,扫除颓废萎靡之风。倡导讲品位、讲格调、讲责任,抵制低俗庸俗媚俗;讴歌党、讴歌人民、讴歌祖国,传播当代中国价值、中国精神。

(3)加强民主管理。要提高教职工干事创业的积极性,一定要让教职工增强主人翁意识。工会要建立教师发声的平台,拓展教职工表情达意的空间。要进一步明晰教授治学和民主管理的关系,完善教代会各项制度,为教职工参与学校民主管理提供制度保障,使教代会的各项民主管理职能落到实处。在深化和发展教代会制度的同时,还应积极推进二级教代会建设,不断拓宽教职工民主参与渠道,进一步提高民主管理工作质量。教代会应在会前加强引导与宣传,推动更多教职工为学校发展建言献策,积极联系工作实际,增强提案内容的可行性与科学性;应在会议中做好组织工作,积极整理反馈各代表团意见,发现教职工普遍关注的问题,认真听取、审议各项报告和议程,积极推进相关事务公开,保障决策的透明度;应在闭会期间充分行使教代会的各项权利,梳理提案所反映的重要问题,积极与相关部门做好工作对接与反馈,增强提案反馈的时效性与便捷性。

(4)开展评比表彰。工会应在教职工中广泛开展"三全育人"征文比赛及先进个人评选、师德标兵的评选等活动。通过这些活动,大力弘扬先进人物,宣传先进事迹,激励先进,树立榜样,弘扬正气,加强师德师风建设,在校园内营造"三全育人"的浓郁氛围,通过评比表彰,来展示大学教职工在"三全育人"方面的新形象。工会应利用自己的组织优势,积极、广泛地组织教职工参加各类劳动服务技能,特别是教书育人能力大赛。在参与比赛的过程中,通过强化训练,使教职工的岗位技能得到进一步的提高,增强"三全育人"的知识、技能。对实施"三全育人"工作中表现优秀的工会组织和个人通过多种形式进行宣传表彰,树典型、立形象,让教职工在活动中提高认识水平和育人的积极性。

(5)发挥美育功能。美育,归纳起来,不外乎两个方面:内在的和外在的。内在的是心灵美、道德思想品格方面的美;外在的就是形象、气质的美。工会通过下属社团组织各种文化文艺活动,把美育贯穿于全过程,具体表现为以下内容。

①宣传美。宣传引导奖励那些在管理、教学、服务等方面做得好的教职工,宣传的是内涵之美、精神之美、道德之美。利用网络和橱窗,结合微信、微博、抖音等新媒体手段,打造线上、线下一体的宣传模式,构建"三生育人"工作中全方位覆盖的网络体系,吸引多种力量参与其中。

②挖掘美。"三全育人"征文比赛常规化,如每两年一次,把一线基层的普通教职工在立德树人方面的真实故事挖掘出来,用身边的事教育身边的人,集中展示立德树人方面教职工的美好形象,体现教职工在育人过程中对学生的一片真心、真情、真意,启迪心灵、净化心灵、美化心灵。

③营造美。通过读书、摄影、书画、朗诵、茶艺等俱乐部活动展现传统文化的魅力,丰富校园文化,美化校园环境,增强人文气息,营造美好的人文环境。优美的人文环境可以陶冶情操,使学生在感受传统文化魅力的同时,得到美的享受。

④传承美。中华民族的传统美德需要传承。通过传统文化中的宽容、善良、大度、以和为贵、家和万事兴等解决生活、工作中的各种矛盾。聘请事业家庭都非常成功的优秀女性开设讲座,讲事业成功,更讲家庭成功。通过这样的形式,让传统美德发扬光大。

⑤塑造美。塑造美主要是教师形象的自我完善,体现在丰富多彩的俱乐部活动上。可开设化妆、着装等课程,通过这样的活动外塑教师形象,使教师妆容得体、穿着得体,让教师在课堂上展现良好的精神风貌,体现高校教师的从容、知性和自信,体现高校教师特有的风采和气质,这对学生来说也是无形的感染和熏陶。通过活动,让更多的教师由内而外地美起来,再回归课堂,达到潜移默化、无声胜有声的育人效果。

⑥展示美。工会应积极搭建各种平台,创造各种机会,充分展示教职工的魅力与风采。工会应积极组织各种文化活动、文艺表演,展现舞蹈、合唱、服装、书画等各种艺术形式的美;应积极组织各种比赛、俱乐部会演、新年晚会、"三八"节红毯秀、大型室外旗袍秀、亲子才艺大赛等,让教职工在各种舞台、平台展示美。

4. 工会组织在"三全育人"中发挥的作用

(1)净化心灵。"物洗则洁,心洗则清。"经常净化心灵,便会洗出一个完美的自我。一个称职的教育工作者自身应该有高尚的品德,所谓"德"要配位,需要有一颗善良的心。心灵不断净化,意识境界不断提高,自然和善处世,就会感到幸福,就会有满满的正能量。所谓立德才能树人,因为教师的一言一行直接影响学生。教师必须有高尚的情操、纯洁的心灵。所以工会要积极开展主题教育活动,宣扬主旋律,传播正能量,树立教职工正确的人生观、价值观,大力宣传先进人物、先进事迹,组织劳模宣讲会等,树立正面典型,吸取反面教训。教师应引导学生嫉恶扬善,去浊扬清;不以恶小而为之,不以善小而不为;严守政治纪律、廉洁纪律、生活纪律,做一个堂堂正正、清清爽爽、明明白白的人。

(2)协调关系。在工作实践中,教师们经常会遇到这样那样的困惑,甚至与职能管理部门发生矛盾,从而产生消极情绪。在这样的情况下,工会作为娘家人要迅速站出来协调、沟通、维护,充分发挥好桥梁纽带作用。工会还要经常主动召开一线职工的座谈会,或者下沉到基层开展调研,要主动去发现问题、查找问题隐患,主动发力,把矛盾化解、稀释,起到润滑剂、催化剂的作用。一旦发现教师利益受到不公平的待遇,要为他们发声、呼吁,依靠党委,通过人民调解委员会和劳动争议仲裁委员会来维护好教职工的合法权益。同时,教职工之间或教职工家庭内部也会发生矛盾,工会要做好细致的思想工作,当好矛盾的化解者、关系的协调者。要主动帮教职工排忧解难,帮他们消除后顾之忧。

(3)激发热情。工会要努力创造良好优质的人文环境,增强教职工的获得感、幸福感,只有这样,才能最大限度地激发广大教职工的热情,激发他们的创造性。人在愉悦的心情下创造力会发挥得更好。对美好生活的向往有精神和物质两方面。物质方面就是节假日对教职工的福利慰问,让教职工体会到组织的温暖,这是普惠的福利。教职工患病、住院或结婚、生育,工会也会及时送上问候。新教师入职,工会可以组织欢迎仪式;教职工退休,工会可以组织隆重的荣休仪式,还可以组织开展丰富多彩的文化生活,从精神层面上体现教师们的价值和尊严,进而激发他们的热情和责任感。

(4)引领思想。完成立德树人的根本任务离不开广大教职工的积极参与,思想引领不只是政治课的专有任务,更应该是广大教职工共同承担的光荣使命,所以工会理所应当在教职工思想引领方面助一臂之力。高校工会利用工会干部培训、工会干部会议及相关主题活动,把党中央的方针政策思想理念传递到每个工会干部、每个会员,做到入心入脑,把思想引领渗透到各项工作中去。

(三)社团育人

高校学生社团是由学生依据兴趣爱好自愿组成,为实现成员共同意愿,按照社团章程自主开展活动的群众性学生组织,是高校思想政治工作的重要载体,社团成员的自发性使得社团育人具有得天独厚的优势。[①]

作为单独的个体,青年学生被组织起来有利于使其认识到自身肩负的崇高历史使命,提升其使命感和责任感。社团为大学生提供了另一个展现自我、演练自我、奉献自我的组织平台,在开展思想政治教育、丰富校园文化活动、完善育人体系建设方面发挥着重要作用。

在思想政治教育方面,正确的思想引领是高校学生社团充分发挥育人功能、凝聚育人合力的根本保障。大学阶段是一个人价值取向成型的十字路口,学生社团可以充分发挥"引路者"的作用,在学生社会活动中引导其价值观的发展,在社团活动中大力弘扬真善美,让社会主义核心价值观深刻其脑中,引导学生正确认识义与利、成与败、己与群、得与失,提高学生运用马克思主义立场、观点和方法分析问题、解决实际问题的能力。只有这样,才能将思想政治工作充分融入学生社团建设的各个角落,才能真正把铸魂育人落到实处。

在校园文化活动方面,积极鼓励学生社团对内调动各级各类育人力量,对外整合引入各种社会资源,将传统课堂、网络教育和精神文明融为一体。对于传统教育,需由校内拓展到校外,综合运用第一课堂和第二课堂,将"读万卷书"与"行万里路"相结合,不仅要通过讲座等传统方式开展育人活动,也要重视社会实践、志愿服务等方式,提高大学生综合素质。网络工具的运用也要结合实际,将社团育人寓于信息传播之中,做到"润

---

① 魏星,李思杭.高校学生社团育人的理念优化和实践创新[J].思想理论教育,2020(11):107—111.

物细无声"。

在育人体系建设方面,合理高效的制度设计是"三全育人"从理念到实践落地的关键一环。高校学生社团应围绕"三全育人"的要求,以制度建设固本强基,保障学生社团实现自我管理、自我完善、自我提高。要因材施教,尊重学生组织发展规律,制定出系统、明确、具体的系列规章制度,构建严实规范的建设体系,筑牢学生社团建设发展的根基。在健全学生社团管理制度体系的基础上,积极探索保持学生社团稳定、持续、有效运行的长效机制,将制度真正落到实处。只有学生社团建设管理系统中的各个要素之间相互协调衔接,才能保障学生社团朝着良好的方向发展。

(四)学生会组织育人

高校学生会是党领导下的主要学生组织,是各高校联系广大学生的桥梁和纽带,在高校落实立德树人根本任务、培养德智体美劳全面发展的社会主义建设者和接班人工作中,学生会起着不可或缺的作用。[1]自《学联学生会组织改革方案》实施以来,全国高校坚持正确政治方向、坚持学生主体地位、坚持依法依章程运行、坚持问题导向,积极推进学生会组织改革,开展了大量富有成效的工作,为高校学生会组织改革取得阶段性胜利打下了坚实基础。

在"三全育人"大格局背景下,高校学生会组织探索符合自身发展现状和特色的育人路径的首要前提是坚持党的领导。坚持党的领导是高校学生会开展一切工作的根本遵循,是切实发挥桥梁和纽带作用的基本要求,是精准开展服务活动的重要保障。在任何历史时期,高校学生会都应始终把政治引领放在首位,与国家未来和民族复兴紧密联系在一起,在思想、政治、行动上与党中央保持一致,充分发挥团结青年的作用,为党凝聚更广泛的青年力量。

学生会组织育人体系建设要点在于建章立制和优化体制机制。建立

---

① 孙璐.新时代高校学生会深化改革探究以华东理工大学生会为例[J].高校共青团研究,2020(1):184-188.

健全的学生会规章制度是保证学生会发展不偏颇、不走样的重要举措,只有这样才能做到有例可循、有典可依,如学生会组织章程、职责定位、奖惩条例、学生干部选拔办法等。与此同时,规章制度不能只行于纸上,而要落在实处,并具备操作条件的。

第三节　高等教育组织育人的机制构建

一、高校组织育人机制构建的根本目标、原则和重大意义

(一)坚持以培养德智体美劳全面发展的社会主义建设者和接班人为根本目标

大学生思想政治教育追求的最根本的是要将大学生培养成为德智体美劳全面发展的社会主义建设者和接班人。

人的全面发展的核心是人的本质的全面发展。根据马克思主义关于人的本质的有关论述,人的本质的全面发展主要有三个方面的含义。一是人的社会属性的全面发展。人的属性包括自然属性和社会属性,人不仅是生物学意义上的人,而且是社会学意义上的人,人的本质属性更多地表现为社会属性。二是人的社会关系的丰富和发展。人的社会关系是指人与自然、社会、他人的关系,人的丰富性、全面性取决于社会关系的丰富性、全面性。三是人的社会实践活动的全面发展。社会实践是人类所特有的存在和发展方式,人的社会实践活动的全面发展是人的全面发展的本质规定和重要源泉。因此,人既要拥有生存与发展的物质条件,又要具备丰富的社会关系,还要有丰富多彩的精神生活。

在市场经济条件下,物质利益与人们的现实生活紧密相关,直接、显性。随着互联网的发展,特别是自媒体的风靡,物化量化的对象经过商业化的包装,传播的辐射面更加广泛,相互比较更加频繁,特别是在青少年人群中具有较大的影响力,因此普遍受到重视;而精神、道德因其间接、隐性,打造推广的难度较大,所蕴含的文化价值很高,但商业价值却难于开

发,因而常常被忽视。当代大学生受其影响,往往出现重物质、轻精神的倾向,一些学生思想上存在崇尚利己主义、信仰迷茫的情况,不愿意在精神和理论层面求解上下功夫;一些大学生不同程度地存在理想信念不坚定、价值取向功利化、社会责任感缺乏的问题;一些学生艰苦奋斗、吃苦耐劳的精神淡化,团队意识、集体主义观念不强;一些学生稍有不顺就怨天尤人,缺乏冷静下来从自身找原因的意识和能力;还有一些学生心理素质较差,缺乏大局意识和长远视角,拘泥于小得小失,备受精神折磨;等等。所有这些问题的存在,极大地阻碍了大学生全面发展的进程。

大学生思想政治教育在坚持以培养德智体美劳全面发展的社会主义建设者和接班人为根本目标的同时,还要促进其与自我、家庭和社会的协调发展。当代大学生多来自独生子女家庭,让他们学会与人为善,融入社会十分重要。越来越多的用人单位,在面向大学生招聘时,把道德品质、是非观、团队意识、沟通协作能力作为最看重的选拔条件。从校园到职场是大学生社会化过程的关键节点,大学生只有在校期间身心协调发展,培养好自我学习、终身学习的能力,形成良好的思想道德素质,建立较强的心理素质,掌握自我保护的方法,才能谈得上可持续发展。

因此,构建组织育人机制的根本目标应当与大学生思想政治教育的根本目标相一致,通过组织的培养教育,提高学生的思想水平、政治觉悟、道德品质、文化素养、知识技能,促进大学生思想道德、科学文化、身心健康、审美能力、劳动技能全面协调发展。

(二)树立以学生为本的思想政治教育根本原则

高校的发展与学生的发展之间是相互依赖和相互促进的关系。对于高校而言,先进的办学理念不可或缺。随着时代的变迁,大学的功能不断变化。在 11 世纪欧洲第一批大学出现时,其任务是教学(传递知识)和学术(研究学问)。到了 19 世纪,欧美的大学开始重视科学研究。第二次世界大战结束至今,大学不仅是教育和研究的中心,也是经济发展的"发动机"和促进社会平等的"助推器"。但这些变化的背后,培养高素质人才的核心使命始终未变。高校由培养人才之需而生,并因此延绵千年。

育人是高校肩负的神圣使命。育人的对象是学生,一切工作都以满足学生需要、促进学生全面发展为出发点和归宿。

一要确立大学生的主体地位,尊重他们独立的人格、自身价值、思想感情和价值追求,做好学生的引路人,提信念明灯,启发引导其内在的思想政治道德需求,在多元文化的背景下,帮助他们主体意识、自主能力、创造才能不断增长但不误入歧途。二要贴近学生实际,建立交互共进、亦师亦友的平等师生关系,启发交流接地气、互动参与有生气,多种教育教学形式激发学生的积极性和主动性。三要贴近学生,将以理服人和以情动人相结合,严管和厚爱相结合,增强思想政治教育的说服力、感染力、亲和力和引领力。四要贴近生活,主动关注和研究学生喜闻乐见的内容和形式,积极创造条件维护学生的正当权益,满足学生多样化的需求和个性化的发展需要。五要更多地关心和指导经济困难学生、心理困难学生、学习困难学生,特别需要注意的是要改变以往区分类别的单一化帮扶,要关注到这三类群体往往是交叉的。

(三)构建组织育人机制的重大意义

高校组织育人机制是指组织育人的过程中各构成要素由于某种机理形成的因果联系和运转方式。构建组织育人的运行机制是为了通过对组织育人动态运行过程的考察,对多因素、多变量的育人行为做一种整体的、动态的刻画,建立起协调、平衡、高效的长效运行机制,从而实现运行的最优化,为组织育人工作提供动力和保障。

第一,构建机制能够使组织育人工作落到实处,实现明确化、规范化、科学化。组织育人参与主体众多。对于这些内容既不能用机械的、标准化的方式规定,又不能不加约束和引导,泛泛而谈。因此,构建运行机制的任务就是要把组织育人的目标明确化、过程规范化、方式科学化,通过构建健全、合理、有效的机制,设立明确的目标,制订长、中、短期计划和分类开展工作,以保证高校组织育人目标的实现。

第二,构建机制是高校开展好组织育人工作的重要前提,组织育人的内容需要有适应它自身发展的形式。机制作为形式是为内容服务的,但是,机制如果不能匹配内容、服务内容、升华内容,那么组织育人的目标就无法实现。当前,在我国正处于新的历史时期,对组织育人工作无论从形式到内容都提出了新的要求,为了保证组织育人的深入发展,必须对组织育人的机制加以研究,构建科学的、行之有效的机制。

二、高校组织育人的动力机制

组织育人是以人为对象,通过组织的各种活动和方式把思想观念、政治观点、道德规范潜移默化渗入组织生活中,对大学生产生多重积极影响,使之成为德智体美劳全面发展的社会主义建设者和接班人。

(一)高校组织育人的动力特性

动力源于人的需要。组织育人推进的动力机制最基本范畴就是"需要"。需要之所以能够成为组织育人推进的动力,在于它自身的特点,在于它的内在属性。需要的内在属性和特点主要有两个。

第一,需要与满足两者之间具有对立统一性。任何需要,不管其程度如何,也不管其满足的可能性有多大,它都有一个不可遏止的、要求满足的态势或趋势。需要本身说明主体处于一种匮乏状态或隐性的匮乏状态。而这种匮乏打破了需要主体自身的平衡,要恢复这种平衡就得寻找满足物、满足需要。

高校组织育人内部的矛盾运动是高校组织育人的根本动力,而组织育人内部的矛盾运动主要表现在以下两个方面。一方面,组织育人是一种社会活动,其存在三种矛盾:一是分别以组织和受教育者为主体,以及他们所要认识的教育内容和手段的需要和满足之间的矛盾;二是组织和受教育者之间互为主客体关系的需要和满足之间的矛盾;三是教育活动对于受教育者全面发展的目的的需要和满足之间的矛盾。另一方面是作为社会现象的组织育人也包含三大矛盾:一是不同的社会角色由于自身需要的层次不同,对组织育人内容和手段的需要和满足之间的矛盾;二是组织育人以合乎和满足社会不同方面(政治、经济、文化、生态等)的需要而呈现出来的矛盾;三是作为类主体的社会对组织育人的需要和满足之间的矛盾。

第二,需要之所以成为组织育人的动力,还在于它有一种永不会满足的特性。并不是说一种需要满足了,动力就消失了。如果这样,育人就会变成一种阶段性的、时有时无的割裂独立的运动。但事实上,需要是永无止境的,育人是一种持续的、你中有我、我中有你的综合性的活动。一种需要的满足总是不断引起新的需要。马克思指出:"人以其需要的无限性和广泛性区别于其他一切动物。""已经得到满足的第一个需要本身、满足需要的活动和已经获得的为满足需要用的工具又引起新的需要。这种新的需要的产生是第一个历史活动。"需要的发展性质可以概括为"需要上升规律",需要不断突破它自身的框架,从低级向高级发展的趋势。这种需要的"无限性""广泛性""需要上升规律"正是其成为组织育人动力之源的原因和根据。

(二)高校组织育人动力机制的结构

1.动力的发生主体和利用主体

主体具有需要并受需要的驱使努力获取能够满足其需要的收益,继而成为动力发生主体。动力是可以利用的,动力发生主体与动力利用主体并非总是同一的。比如,一个大学生对自己成长成才的追求,是其作为个体行动者的行动动力,大学生本人即动力发生主体,他利用自我激发这种动力,刻苦学习、努力拼搏,在实践中锻炼能力、增长才干,使自身成长成才的追求得到满足。在这一过程中,大学生本人既是动力发生主体,又是动力利用主体。着眼于整个组织育人的过程,如果将被教育对象的成长成才动机导入组织育人的运行轨道,使之为国家、社会创造财富,推动国家和社会的进步,国家、社会就成为个体行动者的动力利用主体。同样,在组织中,成员既是动力的发生主体,又是自身的利用主体。可以这样说,动力主体既可能是发生主体,又可能是自身的利用主体。但正如社会、组织是个人的利用主体一样,高层次的动力主体总是低层次动力主体的利用主体。

2.动力传递媒介

动力传递媒介是组织育人动力从一个动力主体传到另一个动力主体的渠道,也是组织育人动力积累和递增的主要渠道之一。社会成员单个动力实际上凝聚成了实现社会整体利益的宏观运行动力。组织育人中的文化传导主要是指精神文化传导。精神文化是人类在从事物质文化基础生产上产生的一种人类所特有的意识形态,它是人类各种意识观念形态的集合。精神文化的优越性在于具有人类文化基因的继承性和在实践当中可以不断丰富完善的待完成性。这也是人类文化精神不断推进物质文化的内在动力。由于文化精神是物质文明的观念意识体现,在不同的领域,具体文化精神有不同的表现和含义。一般而言,主文化传导正向组织育人发展动力,而反文化总是传导逆向组织育人发展动力。此外,在文化传导组织育人发展动力方面,也要注意发挥亚文化的功能。在信息传导中,信息作为动力传媒,指某一动力主体将动力以信息的形式传给另一个动力主体。

3.动力客体

动力客体是指人们需求得到满足的对象、工具、资源等。满足需求的对象称为满足物,可将其简单地划分为"硬性"满足物与"软性"满足物。任何以物质形式存在的满足物都被称为"硬性"满足物,大部分物质需要的满足都依赖于它,如吃、喝、住、穿等。以精神形式存在的满足物可以被称为"软性"满足物。需求满足物的硬性和软性之分,是思想政治教育动力机制采取不同手段的依据。

4.动力方向

无论哪个层次的思想政治教育动力,都不是盲目的,它们都有一定的方向。人们可以调整不同动力主体的动力方向,这是各层次、各个动力主体的动力能够整合为统一的思想政治教育动力系统,完成思想政治教育整体的运行目标的一个重要原因。动力的大小和程度影响了动力的方向。在社会主义社会,人们都有财富、地位、权力、金钱、荣誉等的需要,但是,任何需要都必须是适度的,超过一定限度,则为社会整体所不允许,或者极大妨碍其他大多数动力主体的需要满足,动力方向直接关系到动力主体的动力性质。

5.动力贮存体

就微观的组织育人发展的动力主体而言,其贮存体就是个体行动者的能力。个体在自身内在需求的推动下,到外界获取需要满足物的同时,也使自己的生产技术、经验、文化教养水平得到提高,社会交往经验也丰富起来,获得需要满足物的方式也得到改进。这些都作为一种个人能力而贮存积累下来,同时也刺激了后来的新的需要的产生,并为获得新的需要之满足准备条件。因此,人们任何一种新的能力的增长,都提供了产生新的需要、新的动力的可能性。就动力主体而言,其动力贮存体就是组织的凝聚力和物质实力。组织凝聚力表征个人对组织力量的感受性。在宏观动力主体层次,动力贮存体包括国家的经济实力、科技实力、国防实力,以及与之相适应的上层建筑。

(三)高校组织育人动力机制的主要内容

高校组织育人动力机制主要由政策导向机制、精神动力机制、利益导向机制和创新机制四方面构成。

1.政策导向机制

组织育人的政策导向机制,主要应从两方面考虑出发。一是从满足作为受教育对象的大学生的合理正当需要出发,基于现有条件和组织育人目标应当纳入的应在政策中有所体现和鼓励,以此调动受教育对象的积极性和认同感,对于最终目标的顺利实现起到正向促进的作用。二是从引导和调节需要出发,在充分研判受教育对象需要与组织育人目标矛盾所在的基础上,对于不合理、不正确的需要,必须通过政策导向加以抑制和纠偏,积极引导其逐渐回归到与育人目标一致的轨道上来。对某一种需要的抑制,要通过政策导向的代偿和激励作用,用同一层次需要的其他内容来弥补,防止因需要得不到满足而产生逆反心理,向消极方向转移需要。在当前多元文化冲击的背景下,大学生的世界观、人生观和价值观还未牢固树立,更加需要组织的积极引导,帮助其不断提高思想觉悟和认识能力,从实际出发,理性地认识自身的需要,努力完善需要的内容和层次,激励和强化高层次需要,正确看待付出和收获,从自身的小得小失中跳脱出来,将个人的追求上升到为国家和社会多做贡献。

2. 精神动力机制

提高人们尤其是高校学生的思想道德素质,激发人的积极性、主动性、创造性,为人们的社会实践活动提供强大的精神动力,是组织育人的基本职能。党的十九届五中全会提出,繁荣发展文化事业和文化产业,提高国家文化软实力。坚持马克思主义在意识形态领域的指导地位,坚定文化自信,坚持以社会主义核心价值观引领文化建设,加强社会主义精神文明建设,围绕举旗帜、聚民心、育新人、兴文化、展形象的使命任务,促进满足人民文化需求和增强人民精神力量相统一,推进社会主义文化强国建设。要提高社会文明程度,提升公共文化服务水平,健全现代文化产业体系。何谓精神力量?精神力量就是思想、理论、理想、信念、道德、情感、意志等精神因素对人从事的一切活动及社会发展产生的推动力量。

在新的形势下,精神文化已成为公认的社会资源的一部分。组织育人发展要更加注重精神动力的开发。开发精神动力,最根本的就是要加强科学动力、理想信念、价值观念的教育与引导。要坚持以人为本,努力提高高校学生及全民族的思想道德素质和科学文化素质,实现大学生思想和精神生活的全面发展。尊重劳动、尊重知识、尊重人才、尊重创造,营造鼓励人们干事业、支持人们干成事业的社会氛围,对高校学生而言就是要把组织育人工作做细、做实、做活、做深入。要注意精神激励,通过各种方式尊重人、关心人、爱护人、帮助人,加深高校学生与学生之间的情感和友谊,满足人的情感需要、精神需要。要开展积极的思想教育,坚持马克思主义在我国意识形态中的指导地位。

3. 利益导向机制

中国共产党人的初心和使命,就是为中国人民谋幸福。党的十九大报告开宗明义,表明了在马克思主义政党领导下的人类共产主义运动的价值目标,并体现了中国共产党一以贯之的价值取向,那就是一切以人民群众的根本利益为主旨,也就是"人民对美好生活的向往就是我们的奋斗目标",并以这一红色主线贯穿了报告的始终。必须始终把人民利益摆在至高无上的地位,让改革发展成果更多更公平惠及全体人民,朝着实现全体人民共同富裕不断迈进。组织育人是用思想政治教育的方式以组织的形态反映和维护一定的利益关系,是服务服从于一定的社会群体谋取利益的工具。利益是组织育人工作的根本出发点,组织育人工作要引导利益追求的方向,培养人们正确的价值观和利益观,调节各种利益关系的矛盾,使各种利益都能适当兼顾,特别是要正确处理物质利益的追求和提高人们思想境界的关系。

4.创新机制

组织育人工作要获得发展,必然要不断创新。创新的本质特点就在于创造前所未有的新东西,即它的新颖性、首创性。组织育人的发展,既是中国共产党 100 年来实践经验的总结,也是中华优秀传统文化的积淀,还是世界各国优秀文明成果的借鉴。新时代高校组织育人机制亟待创新,要不断适应时代发展要求,把握时代发展大势,顺应高校人才培养的新要求,在全面加强党的领导、促进高校内涵式发展、满足学生多样化需求中突出组织的育人功能,完善组织的育人职责,创新组织育人的内容、形式、方法、手段,在增强时代感、时效性、主动性上下功夫。

三、高校组织育人的运行机制

我国高校中存在各级各类师生组织,主要包括党组织、群团组织、学生组织等,它们在思想政治教育工作中起着重要的作用。利用各级各类组织开展思想政治教育,既有利于发挥组织的育人作用,也有利于促进组织自身的持续健康发展。高校组织育人运行机制的构建有助于统筹党团学群协同发力,在此基础上建立和完善高校组织育人发展体系,为高校组织育人提供坚实的保障。

(一)构建高校组织育人运行机制

高校组织育人是一个系统,需要建立的运行机制很多,主要由领导组织机制、考核激励机制、内容运营机制、保障机制等子系统组成,组织育人运行的过程就是 4 个主要机制协调作用、合理配置有限资源要素的过程。

1. 领导组织机制

坚持党对高校的领导,是我们党一以贯之的优良传统。中国共产党从成立之日起就重视党对高校的领导,重视高校党的组织建设和思想建设,重视党对青年学生的培养。在我国高校思想政治教育工作体系中,各类组织自建立以来,一直承担着不同的育人功能,它们长期承担着对师生进行思想引领、价值引导、能力拓展、文化熏陶等育人任务,形成了高校教育教学和人才培养优势。新时代必须在加强党对高校的全面领导的前提下,发挥各类组织的育人功能。

高校组织育人应加强学校党委的统一领导,并将组织育人工作真正摆上重要议事日程,纳入学校的工作全局,统筹考虑,着重研究指导思想、工作目标等宏观问题。根据既定的目标、规划,将组织育人工作涉及的各个部门卓有成效地组织起来,形成分工明确、协同运行的工作机制。具体指在党委的统一部署下建立和完善管理体制,负责组织育人的全面实施。院系应建立相应的领导小组。党委宣传部、党委研工部、党委学工部、团委、关工委、教务处是主要职能部门,负有指导、组织、宣传、贯彻、落实等职责。党委组织部和党委教师工作部(人事处)是组织育人队伍建设的管理部门,要做好人员配备和培训工作,形成党委统一领导、党政齐抓共管、职能部门组织协调、二级单位具体落实、全校各方积极参与的"组织育人"工作格局。各单位要把"组织育人"摆在全局工作突出位置,引导全体教职工当好"育人者",推动知识传授、能力培养与理想信念、价值理念、道德观念教育的有机结合,各自守好一段渠,种好责任田,实现育人全担当。

高校组织育人的领导组织机制构建一定要突出党团组织的政治思想引领功能。高校党委要把方向、管大局,各级院系党组织、基层党支部及高校共青团组织要牢牢掌握思想政治工作主导权,尤其要突出政治思想引领,保证高校始终成为培养德智体美劳全面发展的社会主义建设者和接班人的坚强阵地。

2.考核激励机制

建立组织育人发展的考核激励机制是社会主义市场经济的客观要求。它有助于增强组织育人的活力和权威性,有助于人们对于工作成效的深入检视和分析、对于工作观念的更新和升级。考核激励机制还可以破除平均主义的弊端,使得努力作为的、做出大贡献的人得到充分肯定,进而调动其更大的积极性。此外,考核激励机制使得个体的自我意识得到强化,潜能得到激发,才能得到展现和认同,这对于大学生更高层次的个性发展和自我完善,以及人的全面发展起到了很大的推动作用,也有利于社会进一步向前发展。

建立高校组织育人的考核激励机制,必须以效果为导向,充分发挥考核的引导、促进、鞭策和约束作用,科学地设计考核内容和考核程序。将考核激励的认定根本落在育人成效上,是发挥高校组织育人考核激励机制功能的根本保证。规范考核的内容、指标、规则、要求及整个程序,增加考核的透明度,形成考核的动员机制,广泛动员和发动组织育人主体积极参与考核,对考核结果所匹配的激励要精准公平适度。

根据激励的内容不同,激励可分为物质激励和精神激励。物质激励是激励的基本手段,用物质手段作为激励更加直接可感。精神激励是激励的重要手段。精神激励即内在激励,是指精神方面的无形激励,包括授权、对工作成效给予组织认可、提供学习和发展的机会等。精神激励是一项深入细致、复杂多变、应用广泛,影响深远的工作,它是运用思想教育的手段倡导精神文化,从而调动积极性、主动性和创造性的有效方式。要善于运用精神激励,建立榜样激励机制。榜样的力量是无穷的,榜样的实践探索是值得推广和学习的,学校要大力宣传、表彰组织育人工作的先进集体和先进个人,使广大师生学有榜样,提高组织育人认可度和影响力。

3.内容运营机制

通过系统打造、持续推广形式多样、丰富多元的组织育人文化产品,不断提升组织育人工作的聚合效应和社会效应。

在内容设计方面,首先,要突出党团组织的政治思想引领功能。高校党委要把方向、管大局,各级院系党组织、基层党支部及高校共青团组织要牢牢掌握思想政治工作主导权,尤其要突出政治思想引领,保证高校始终成为培养德智体美劳全面发展的社会主义建设者和接班人的坚强阵地。其次,要突出各类组织的价值引导功能。高校党团等组织是传播马克思主义的主要阵地和载体,要做好马克思主义的宣传教育,培育社会主义核心价值观,通过组织规章、组织程序、组织活动来培养师生的规约意识、合作精神、集体主义精神,引导师生树立正确的世界观、人生观、价值观。再次,要突出各类组织的能力拓展功能。高校各类组织要通过组织教育培训、学习、科研、社会实践、创新创业等活动来拓展学生的社会实践能力,在学生参与组织生活的过程中为他们提供社会化引导。最后,突出各类组织的文化熏陶功能。高校不同的组织都有着自身的文化,对大学生进行潜移默化的影响。加强各类组织的文化建设,既可以丰富大学生的文化生活,又可以营造良好的校风学风,实现以文化人、以文育人。

在内容加工方面,要建设内容研发团队,认清组织育人的特点和组织、队伍、资源等各方面优势,对现有的组织育人的丰富知识理论和实践探索进行整合、开发和包装,打造匹配学生群体需求、符合组织育人目标的内容产品和项目。拓展组织育人的方式,提升组织育人效率。探索出把教育思想融入教育实践过程中的内容载体,把组织育人工作渗透到高校学习、科研、工作和生活的各个方面,与各项具体工作有机地结合起来,融合各种教育因素及中介,通过潜移默化的形式循序进行。

在内容输出方面,要具备产品化、项目化的意识和能力。在内容设计和加工的基础上,输出成体系的、有影响力的载体。高度重视组织育人理念和实践的传播培育,引导师生关注组织育人,形成创造传播融入组织育人的环境氛围,不断扩大接受组织育人内容输出的市场和空间。

4.保障机制

高校组织育人的有效运行必须以一定的条件为基础,包括经费与物质保障、完善的法规制度及监督作为保障。经费投入的范围包括经常性教育经费、大型宣传活动经费、组织理论研究和实践调研的经费,以及广大师生培训提高、社会考察、表彰奖励和相关工作部门基本建设所需经费。还要把教育设施、设备和活动场所、基地建设纳入学校总体建设规划，并从基本建设和设备费中给予保障。此外，还应将组织育人实施过程中的经验做法提炼上升为制度，注意把握制度的系统性、层次性和操作性，找准制度之间的内在联系，使各种制度、规定环环紧扣、相互配合，形成实用化、程序化的制度体系。

(二)完善高校组织育人发展体系

改革开放以来，我们党对大学生思想政治教育工作进行过许多有益探索，积累了丰富的经验，也取得了一定的成效。但随着社会的发展，特别是随着以人为本的教育理念的确立，大学生组织育人工作应该在继承过去成功经验的基础上，提出新的思路和对策，逐步建立和健全以人为本的大学生思想政治教育体系，这是高校组织育人不断发展创新的基本保障。构建这样的体系，只有做好以下几个方面的工作，才能使我们上文构建的动力机制和保障机制由制度要素转化为制度体系，为高校组织育人人本化提供坚实的保障。

第一，确立学生主体地位，建立大学生参与的组织育人教育体系。主体性作为人的一种特性，集中体现为人的自主性、主动性和创造性。人的主体地位的确立和弘扬，既是人类历史发展的基本趋势，也是我国社会主义市场经济体制逐步建立和完善的客观要求，更是以人为本的大学生组织育人教育体系构建的前提和条件。确立学生的主体地位，就是要尊重学生在整个组织育人教育过程中的主动性的发挥，给他们以平等自由参与的机会，让他们能充分地自我认识、自我管理、自我服务、自我激励和自我完善，从而学会对自我负责、对他人负责、对社会负责，以达到组织育人发展的目的。

确立学生主体地位，建立大学生参与的组织育人发展机制，还应该充分尊重学生的知情权、决定权、参与权和选择权。学生权利必须得到充分的尊重和理解，否则，就谈不上其主体地位的确立，也谈不上以人为本的大学生的组织育人体系的构建。

第二，注重人文关怀，健全大学生就业指导服务体系。加强对大学生的人文关怀，理解学生，尊重学生，爱护学生，关注学生的实际需要、困难和疾苦，为学生的发展创造条件，是构建以人为本的大学生组织育人教育体系的重要基础。因为，只有在得到爱护、获得尊重、保证身心健康的前提下，学生才能充分发挥主体性，主动地参与到组织育人的各项活动中。这种人文关怀的内容是丰富的、多方面的，其中尤其要健全大学生就业指导服务体系。

随着大学生就业制度改革的不断深化，严峻的就业形势和就业竞争日益激烈。从相对单纯轻松的校园迈入纷繁复杂的社会，毕业生难免有紧张、焦虑，甚至恐惧的情绪，因此，进一步完善就业指导服务体系，提高学生的择业能力，调节就业压力，已成为高校组织育人工作的一项重要任务。在完善就业指导服务体系方面，作为学校应着重抓好以下四方面的工作：一是根据就业实际适当调整课程结构，促进知识转化学以致用。企业对高素质人才的需求是持续的。在人才市场中，知识结构健全、业务能力较强、综合素质较高的人才选择空间更大。为此，高校在制订专业培养计划时，应当充分考虑专业的就业前景，科学调整专业的授课内容、学科的知识结构，提升毕业生能力与就业需求的匹配度，缓解学生的就业压力。二是拓宽就业信息渠道，建立就业信息共享服务平台。在校学生对专业就业信息普遍存在了解不深入、关注度较低的问题，就业信息的获取渠道相对较窄。为此，高校应针对学生的能力结构、就业意向、择业态度等，定期推送有针对性的就业信息，培养学生主动关注的习惯。此外，应发挥高校就业资源整合优势，提高高校在促进就业方面的主动性，如利用暑期时间，组织各学院赴全国地市开拓就业市场，为学生开发多样化的实习岗位，在实际锻炼中成长。三是深化校企联合，加大就业实习基地的建设投入。校企联合是高校提升学生就业比例的重要途径，企业结合具体的岗位人才需求，向高校提供一定的教育指导，加强资金、技术与设施等方面的投入；为学生提供更多的实践参与机会，与专业课程内容相结合，教育内容包括技术层面、人文素养层面等，既能提升大学生的人际交往能力,也能为企业甄选人才、培训项目打下基础;为学生提供更多的实训机会,有针对性地训练学生的工作适应能力,为后期的岗位对接打好基础,提升学生的就业竞争力。四是实现大学生就业能力的分类指导,加强就业指导工作流程规范性。首先,应该明确学生的职业规划目标,结合其自身能力表现、特长、就业意向等进行教育指导,保证就业服务的有效性与专业性;其次,可以将学生的职业规划分为短期规划与长期发展目标,以便于制订详细、明确的就业计划,使其在职业规划过程中能够应对不同程度的困难,对于危机具备充分的考虑,具有相应的应对能力;再次,为保证高校就业教育改革的有效落实,应建立起配套的教育服务、管理机制,聘请有经验的从业者、管理人员、优秀毕业生等进行演讲,分享职业发展经验,让学生了解就业市场的前沿信息与相关学科就业前景等,提升学生的岗位适应力,更好地实现就业对接。

第三,利用现代传播手段,建立互动式学生组织育人教育平台。信息技术的空前发展和互联网的迅速普及为我们开展组织育人工作提供了现代化手段,拓展了组织育人工作的空间和渠道。一是高校应积极主动利用网络开展组织育人工作,整合教育资源,建立一个内容丰富多彩、形式活泼多样的互动式学生组织育人教育平台,用正确的、积极健康的教育内容占领网络阵地。二是拓展组织育人线上活动形式。

第四,依托班团、宿舍、社团等,创建组织育人教育管理工作新体系。以行政班级为基础的班委会、团支部、党支部在组织育人实施中发挥着重要作用,承担了大量以行政班级为基础的学生活动,此外,学生宿舍、学生社团组织在学生教育管理中的地位和作用也日益突出。加强学生宿舍的管理和建设,以寝室、楼道为组织单位,在生活秩序、行政事务等方面实行统一的、规范的、科学化的、人性化的管理,采取有效的措施重视和支持学生社团,将组织育人理念和成果融入学生社团活动。

第三章 高等教育文化育人的内在机制

第一节 精神文化凝心聚力

精神文化是人类在从事物质文化生产基础上产生的人类所特有的意识形态,是人类各种意识观念形态的集合。精神文化是人的精神食粮,孕育着人的精神家园,决定着人的精神状态、精神生活、精神实质,是人的本质属性的体现;精神文化又是社会旗帜、社会规范,具有价值导向、精神源泉、凝心聚力的功能属性;精神文化还具有赋予国家民族国魂、集体单位群魂、个体思想灵魂的社会属性。

一、精神文化的要素

精神文化主要由知识、思维、方法、原则、精神等五个要素构成。它们之间不可分割,互相渗透。

1. 知识是文化的载体

文化的沉淀直接表现为知识,知识是其他内涵的基础;没有知识,就一定没有文化,就一定没有力量。有知识,不一定有文化,不一定有力量。

2. 思维是文化的关键

没有思维的知识是死知识;有了思维,知识才是活的;知识才能激活自己、发展自己、超越自己;"人为万物之灵",灵者,思维也。

3. 方法是文化的根本

知识、思维要付诸实践,才有作用;付诸实践,必须有方法;方法是道路,是桥梁,而且,一切创新必须源于实践。

4.原则是文化的精髓

它融于前三者之中,指导者前三者。这四者属于形而下,可谓之"才"。

5.精神是文化的灵魂

它是前四者的融合与升华,引领着前四者,又渗透于前四者之中,属于形而上,可谓之"德"。文化最重要的是其精神,有什么样的精神,就有什么样的文化。

二、精神文化体系

(一)训示类

1.校训

校训是学校的核心价值观,位居精神文化统领地位,回答的是学校"追求什么"的核心问题,发挥着文化认同、行为指引的作用。

校训体现着一所学校的个性,发挥着"座右铭"的作用,对于造就和培养学生有不可估量的作用。作为全校师生共同遵循的准则,校训是对学校的人文传统、治学精神、办学风格的高度概括,其表述比校风更凝练、抽象,内涵更丰富、深邃,能较好地体现学校的整体价值追求,反映学校的独特气质,展示学校的文化底蕴和治校风范。正如一个人要有精神去支撑一样,一所学校也要有精神支撑,而校训正是学校精神的具体表达,是学校精神的核心和灵魂。

校训是一种精神、一种追求、一种理念、一种无形的管理制度、一种内在的管理文化。校训是学校发展过程中的历史积淀,缺乏真正的校训的学校永远不可能出类拔萃。学校管理无小事,处处显其大。校训是一所学校办学思想、管理精神的浓缩,作为校长、教师、学生不可不知,亦不可不思。

2.班训

班训是一个班集体价值追求和精神向往的凝练表达,是班集体的文化灵魂,是全班同学团结一致、奋发向上的精神原动力。作为班级文化建设的一项奠基工程,班训既有约束作用,也是一种善意的警示;既有激励作用,也是一种温和的规劝;既有教育作用,也是一种亲切的教诲。

班训与校训的关系是总与分的关系,班训应该是校训的衍生和具体化,而不应该是另起炉灶或者各行其是的纷繁杂陈。

(二)风气类

1. 校风

校风即学校的风气和风尚。常听人们说某某学校风气好,某某学校风气不好,这里的"风气"指的就是一所学校的校风,具体包含教风、学风、班风、考风和作风。

校风是无形的管理者,是一种来自集体内部的精神力量。校风一旦形成,便有一种稳定性和持久性,以它所特有的方式对人产生广泛而又深刻的影响,使人能从校风中受到陶冶和启迪,甚至终身受益。

良好的校风能以微妙的方式沟通学校师生员工的思想,促使师生产生一种为实现学校目标而努力的使命感、自豪感和归属感。它把学校每一个成员的力量凝聚成一种合力,发挥出全部的效能。良好的校风能使学校每一个成员有共同的价值观念,也增加了共同语言,因而能更好地沟通信息,交流感情,使师生协调地融合于集体之中,从而使学校行政管理的各种措施得以及时、准确地实现。

良好的校风能使学校师生对其所属的集体有一种休戚相关、安危与共的情感。在集体中,自觉调整行为定向,增加个人的社会适应能力,提高学生的思想道德素质和身心素质。

良好的校风能促进学生"学会做人"。学校应该让学生"学会学习、学会生活、学会创造、学会做人",其中"学会做人"是最关键的,起决定性作用。良好的校风不仅在本校起作用,净化、优化校园环境,而且在某种程度上对扩大学校的知名度也有一定作用。

2. 教风

教风是教师群体在教学精神、教学态度和教学方法等方面形成的稳定的工作状态和群体风气。它依据不同学校的不同特点表现出独有的特色和丰富的内涵,并通过学校全体成员的意志与行动,逐步地形成和固化,成为一种传统和风格。这些传统和风格对学生的成长起着重大的作用,对学校的发展和建设产生深远的影响。

3. 学风

学风是学习者在求知目的、治学态度、认识方法上长期形成的、具有一定的稳定性和持续性的精神倾向、心理特征及其外在表现。学风有三种含义:一指学校的治学精神、治学态度、治学原则;二指学生在学习过程中所表现出来的精神风貌;三指学生在生活中所表现出来的态度和行为。

学风,是读书之风,是治学之风,更是做人之风,是一所学校的灵魂和气质。学风影响着学校的教学质量,关系着学校的发展和学生的成长。

学风是学习者世界观与人生观的具体体现。学风主要指学生学习目的、学习态度、学习行为的综合表现。就其存在而言,学风弥漫于无形,却可观察于有形;就其作用而言,学风不仅影响到当前的教学效果,影响到人才培养目标的实现,而且对学生长远能否成才都具有重要的不可忽视的作用。

4. 班风

班风指班级稳定的,具有自身特色的集体风范,是一个班级中大多数学生在学习、思想等方面的共同倾向。它是经过长期、细致的教育和严格的训练,在全班逐步形成的一种行为风气。良好的班风将为班级学生的成长、发展提供一种有效的动力和压力,良好的班风为学生的学习提供了一个不可或缺的优良环境。良好的班风也体现了一个班级的凝聚力,使班级里具有亲切、和睦和互助的关系,勤奋进取、文明礼貌的氛围,遵守班集体行为规范和维护班集体荣誉的精神状态。

5. 考风

考风即学校的考试风气。它是学校办学态度、管理水平、学生素质的客观反映,也是学校对社会、对家长、对学生的责任担当。

6. 作风

作风指一个人在思想、工作和生活等方面表现出来的比较稳定的态度或行为风格。

第二节　环境文化育美引善

学校环境文化即学校硬件设施环境所包含的文化形态,是学校文化的外在体现,是学校显性的形象工程。它承载着对内文化师生,对外树立学校形象的重要责任。

文化建设是一项事关全局、覆盖全面的系统工程,对学校发展关系重大,影响深远,必须严肃认真,科学规范,求实创新,与时俱进;制订方案时必须系统思考,整体规划,分步实施,持续改进。

立足教育教学,服务教育教学,引领教育教学既是文化建设的起点,也是文化建设的终点。

一、班级文化

班级是学校实施教育的基本组织单元,班级文化是学校文化的亚文化,是在社会主流文化、学校文化、教师文化的影响下,由班集体全体成员自己创造出来的独特的班级生活方式和价值取向。班级文化的建设可从以下三方面入手。

1.环境文化

物质文化是班级文化建设的"硬件"与基础,它主要包括教室的设计、布置以及班级的教育设施配套等,具体到两方面的工作。一是班级环境卫生,要窗明几净,空气清新;地上没有纸屑,墙面没有污渍,屋顶没有灰尘。二是让教室的墙壁"说话"。室内四周的墙壁均可利用,营造出充满美感的浓厚文化氛围。需要强调的是,班级物质文化建设不是随性地张贴和涂抹,保护好红墙白壁同样是文化建设成果的体现。因此,班级物质文化建设,应坚持"硬件规范化,软件个性化"的原则,文化设施框架要稳固,内容可更换,节约资源,降低成本,培养节约与安保意识是更有价值的行为文化。

2.制度文化

以学校的规章制度、班级的公约等为内容的制度文化是班级文化建设的关键,直接关系班级能否做到规章合理、纪律严明、管理科学,为此应该做到:班级制度公开化和班级管理民主化。利用制度文化建设过程培养学生的法治思维和规则意识是必须重视的任务。

3.精神文化

精神文化是班级全体成员的群体意识、舆论风气、价值取向、审美观念等精神风貌的反映,是班级文化建设的核心。良好的班级文化使人身居其中,处处感到集体的温暖,同学之间团结友爱、互相鼓励、互相关怀,积极进取,比学赶超,师生之间民主平等、爱生尊师,互相欣赏,互相包容。这种氛围使人心情舒畅,精神振奋,奋发向上。这种凝聚力一旦形成,会产生强烈的吸引力,把师生团结起来,共同为班级的发展而努力。

这里需要特别强调:班训是班级精神文化的核心,班训的拟定,一定是对校训在本班践行的具体化,而不是离开校训随意编口号。

二、宿舍文化

宿舍文化是指依附于宿舍这个载体来反映和传播的各种文化现象的总和。它以宿舍成员共同的价值观为核心,由涉及宿舍生活的各方面的价值准则、群体意识、行为规范、公共行为和学习生活习惯所组成,是由宿舍成员共同建立和长期形成的、潜移默化的氛围和影响力。宿舍文化以学生为主体,以宿舍为主要活动空间,以课余活动为主要内容,通过建设宿舍文化,营造一种具有时代气息的新生活,使宿舍成为学生美化生活、优化环境、独立人格、健康身心的成长与成才的摇篮。

宿舍文化的建设思路,应该坚持"六无""六有""十条线"的内部管理标准:

"六无":床上无杂物,屋顶无尘迹,地面无垃圾,卫生无死角,物品无污垢,寝室无异味;

"六有":有管理者,有寝室公约,有逃生指示牌,有整容镜,有体现寝

室个性的理念文化,有室内文化信息专栏;

"十条线":宿舍内物品摆放达到床单一条线,被子一条线,枕头一条线,水瓶一条线,牙具一条线,脸盆一条线,毛巾一条线,箱包一条线,鞋子一条线,书籍资料一条线。

健康向上的宿舍文化对学生成长成才的作用是其他文化不能代替的。

三、课程文化

课,指课业,就是常说的教学内容;程,有程度、程序、进程的意思。因而,从字面意义上说,课程就是课业的进程。从内涵和外延的角度分析,课程包括狭义和广义两个方面的含义。

狭义的课程是指各级各类学校为了实现培养目标而开设的所有学科(或科目)的总和,它主要体现于课程计划、课程标准和课程资源之中。

广义的课程是指按一定的培养目标,在学校安排和教师指导下学生身心得到发展的一切活动。其中包括有目的、有计划的学科设置、教学活动、教学进程、课外活动以及学校环境的综合影响。

(一)课程文化概念

我们可以从两个角度来认识课程文化,即作为方法论意义的课程文化和作为对象化的课程文化。从方法论的角度来说,课程文化就是课程对文化的选择。作为对象化的课程文化就是视其为一种具有实体内容的对象化存在,即课程是一种文化现象。本书赞同裴娣娜教授关于课程文化的观点:作为现代学校文化的重要内容,学校教育活动的生存方式,课程文化指按照一定社会发展对下一代获得社会生存能力的要求,对人类文化的选择、整理和提炼而形成的一种课程观念和课程活动形态。课程是为学生终身发展的奠基工程。

现代社会,科学与人文相结合的课程文化观的确立,从根本上影响一个国家课程改革与发展的基本思路。

(二)课程文化建设

1. 体现学校课程的价值取向

实践证明,落实素质教育,课程是载体,课堂是阵地,教师是关键。将"为学生的终身发展奠基"的理念融入课程建设全过程,建设着眼于学生终生发展,规划长远、安排眼下,除了让学生具有扎实的文化科学知识基础之外,还要有良好的人格品质、良好的合作意识、健康的身体心理素质、必备的组织协调能力、基本的人文素养,以此承载学校课程价值。

2. 促进学生素质发展的课程结构

将综合实践活动、社区服务、地方课程、校本课程、实验实训、实习实践整合为素质发展课程,分为必修、选修、活动三个课程系列,形成一个结构清晰、内容丰富的学校课程结构。

3. 怎样建设学校课程文化

学校以课程建设为载体,将立德树人与课程建设相融合,寓德育于课程实施过程中,将德育实践、生活教育、主题班会等资源融合到课程文化建设之中,把课程教学与学生生活实践相结合,促进德、智、体、美互相渗透,协调发展。通过国家课程校本化实施和学校课程多元化建设,将学校教育教学工作统一起来,形成学生生活自理、行为自律、学习自觉、人格自尊、成长自强的自主发展模式。

4. 优化学校课程的师资骨干

学校以培养造就一批具有先进教育理念、良好职业道德和坚实业务基础的高素质授课教师团队为目标,落实全员培训机制,完善教师岗位成长机制和专业发展激励机制,通过学习课程纲要,教师自主申报,学校课程建设小组审议,确定课程组长,建设授课团队,设计教学方案,组织课程实施,反思总结,研讨改进。

5. 建立学校课程动态评价制度

学分制与成长记录相结合,通过发展性评价与考察性评价相结合,为每个学生建立综合、动态的成长档案,全面实行学生综合素质评价制度,网络自评、小组互评、教师总评,发挥评价的诊断功能,激励学生自我完善。

四、课堂文化

(一)课堂文化概念

人总是文化人,人的世界在某种意义上就是文化的世界。课堂教学是以课程为载体,师生与环境共同结成的文化图景,在长期的教学互动过程中会形成师生普遍认同的课堂生活方式,这种生活方式以潜移默化、细腻微妙的方式影响师生教与学活动的思想观念和思维方式,维系着独具特色的教学实践,这种课堂生活方式便是课堂文化。包括师生解释新事物和参与教学活动的价值取向及课堂行为的方式。

(二)课堂文化建设

第一,课堂文化是教师、学生、文化、环境四要素在相互影响、相互作用过程中形成的一种特殊文化形态,是一个开放的生态系统,具有时代性。新的课堂文化的生成过程是各种文化形态发生碰撞、融合、吸收、变异的过程,是旧的文化形态吸收新的文化形态后的新生过程。

第二,以"学生的生命可持续发展"为教学价值取向。教学价值取向对教学内容的选择、课堂与教学评价有直接的导向和制约作用。教学价值取向不同,教学过程的设计和运作也不同,而教学过程的设计和运作直接关系学生形成怎样的素质,要合理地构建学生的素质结构体系,把学生的生命可持续发展作为价值的取向,培育独具特色的课堂文化。

第三,追求多样并存的教学活动样态。"样态"是一个哲理概念,我们将它理解为实体的暂时状态和个别表现。教学活动样态就是指教学活动的表现和状态。认真思考和研究人们创造价值的活动,我们发现不同的价值需要不同的创造,不同的创造产生不同的价值。同理,不同教学价值取向需要特定属性、状态的教学活动与之适应。学生生命的可持续发展建立在知识、能力、品格等方面的和谐发展上,而每一种教学价值的形成都有各自的规定性,需要特殊的教学样态与之相适应。

第四,形成差异平等的教学人际关系。课堂文化是一种基于课堂情

— 64 —

景而生成的师生、生生关系文化。教师和学生特有的感情、态度、观念、行为是在师生关系、生生关系中不断生成的。教育者要站在时代的高度,运用生态哲学对教学规律和特征进行更为深刻的描述,以新范式整合、涵盖旧范式的合理成分,催生新的课堂文化。

第三节　行为文化验证效果

一、教师行为文化

(一)概念

教师行为文化是教师群体在师德行为、教学行为、治学行为、师生关系行为、与家长关系行为、社会责任行为等方面所表现出来的态度和情感倾向。

(二)建设

1.职业规范建设

(1)爱国守法。热爱祖国,热爱人民;拥护中国共产党的领导,拥护社会主义;全面贯彻国家教育方针,自觉遵守教育法律法规;依法履行教师职责权利。

(2)爱岗敬业。志存高远,忠诚于人民的教育事业;勤恳敬业,乐于奉献;对工作高度负责,认真教育教学。

(3)关爱学生。尊重学生人格,公平对待学生;严慈相济,做学生的良师益友;维护学生基本权益,不体罚或变相体罚学生。

(4)教书育人。遵循教育规律,实施素质教育;循循善诱,因材施教;培养学生良好的道德品行,促进学生全面发展;不以分数作为评价学生的唯一手段。

(5)为人师表。知荣明耻,坚守高尚情操;严于律己,以身作则;衣着得体,语言规范,举止文明;关心集体,团结协作;尊重同事,尊重家长;作风正派,廉洁奉公。

(6)终身学习。崇尚科学精神,树立终身学习理念;拓宽知识视野,更新知识结构;潜心钻研业务,勇于探索创新;提高专业素养和教育教学水平,形成自己的教学风格。

2. 人文素养

(1)人文知识。文化经典,理解人文传统;历史意识,积淀文化底蕴;科学意识,人文素养的基础;环境关怀,履行公民的基本义务;艺术理解,幸福生活的基础。

(2)人文态度。以人为本的理念,坚定执着的热情,坚忍不拔的意志,感受幸福的情怀,为人师表的品性,追求完美的个性。

(3)人文精神。自由精神,减负和减压;自觉精神,反思和发展;超越精神,开拓和创新;生存价值,理想和奉献。

(4)人文修炼。读书与自我反思,教学实践,校本研究。

3. 专业素养

(1)教学设计基本功。设计恰当的教学目标,准确锁定教学起点,科学设计教学过程,创造性地使用教材资源,设计有价值的问题,教学过程的预设,教学设计的留白。

(2)教学实施基本功。教学情景的创设,对"主导""主体"关系的理解与处理,师生间的合作与交往,课堂教学的组织管理,教学信息的反馈与调整,教学实验能力的培养,学生学法的有效指导。

(3)教学策略选择基本功。不做"讲师"做"导师",引导学生从质疑走向探究,对话教学中的问题设置,合作学习的有效指导,开放课堂的创设,教学内容的构建,任务驱动学习方式的运用,"随即导入"策略的掌控。

(4)教学技能基本功。教学语言的运用,课堂教学的有效导入,板书板画的精雕细刻,学生自主学习的有效指导,教学突发事件的智慧应对,作业的有效安排,现代教育技术的有效运用。

(5)教学评价与教学研究基本功。教学的纪实性评价,教学的激励性评价,教学的终结性评价,教学的反思研究,教学的评价研究。

(三)群体践行

在新的时代背景之下抓教师行为文化建设,既是机遇,也是挑战。新的经济社会发展形势把所有的学校放在了同一个平台上一样,也把所有的教师摆在了基本相同的起跑线上,谁能够发展得更快,主要取决于对"行为文化"的理解和践行。因此,学校重点要做好两项工作:提供发展资源,抓好团队建设。实现一个目标:学校创造环境,教师创造业绩。营造一种宽松的敬业环境,让老师以教学为贵,以教学为乐,以教学为荣。具体抓好以下工作。

1. 建设思想共同体

学校不仅是学生们学习的场所,更是教师们共同交流展示的舞台,对教师而言,学校不仅仅是工作的场所,更是成长的田园。建设一支互助开放、富有激情的教学团队,把主流教师队伍的思想导向"校荣我兴、校辱我耻"的正确轨道,是共同体建设的目标之一。

2. 搭建学术成就平台

在学校,人才培养就是根本。以人才培养为根,以人才培养为本,以人才培养为职,以人才培养为责,以人才培养为荣,以人才培养为乐。通过学术平台的搭建,让那些专业悟性好、刻苦钻研、善于总结、勇于创新的教师稳步发展。通过开发学科专业优势教好书;通过开发教师个人魅力优势育好人。引导教师以学生为主体,以学科为基地,以创新为动力,以成效为标准专业发展,个性成长。

3. 培育幸福指数

教师行为文化建设,就是让学生因为教师的魅力而增加对学校的认可,让家长因为教师的水平而增加对学校的好感;教师行为文化建设,就是要通过教师魅力提升进而建设文化学校、品位学校、魅力学校、幸福学校;教师行为文化建设就是要让教师群体心生自豪——因为我是有文化的,所以我是有品位的;因为我是有品位的,所以我是有魅力的,因为我是有魅力的,所以我是幸福的。

(四)个体践行

1. 成为有课程智慧的教师

没有观念就没有生命,观念是思想、是生命。有课程智慧的教师,会把学生成长、成人、成功放在第一位,坚信给一个学生机会,他(她)会给你一个奇迹;有课程智慧的教师不会为难任何一个学生,也不会放纵任何一个学生,他们走近每一个学生,发现每一个学生的优势,扬长避短,因材施教;有课程智慧的教师,把转变视为自我成长,自觉地知识本位向人本位转变,由重知识传授向重发展转变,由课程内容以应试为主向体现内容现代化转变,由重教师的"教"向重学生的"学"转变,由评价体系重结果轻过程向重过程与过程结果相统一转变;有课程智慧的教师能在课堂上真切地感受到每一个学生心灵的萌动,宛如姹紫嫣红的鲜花在春天绽放一般,际遇教学的本质,体验教学的神圣。

2. 成为有教学智慧的教师

教师上好课,是立身之本。施教之功,先在激趣,巧在授法,重在练化,贵在养习;把课堂还给学生,让课堂焕发青春活力,关键就是关注学生,睁大眼睛多发现学生的优点,眯起眼睛少挑剔学生的缺点。有教学智慧的教师备课要求脑中有课标,腹中有教材,心中有教法,目中有学生,胸中有教案,案中有习题;有教学智慧的教师,精心钻研课标和教材,精心设计课堂结构,精心设计板书教具,精心设计练习题,做到梯度、密度合理;有教学智慧的教师作业精选、精编、精讲、精练。

3. 成为有管理智慧的教师

成功来自知识的不断积累和超越自我的态度;对教师而言,对于时间的管理就是对生命的管理;在从教的道路上,只有投入才会深入,只有付出才会杰出,只有用心才会开心。

4. 成为有人格魅力的教师

演员,靠演技征服观众;球员,靠球技留住球迷;教师,靠人格魅力引领学生奔向美好的未来;有人格魅力的教师"目中有人,心中有意,言中有情,行中有样,教中有新"。

5. 成为有学术魅力的教师

人生的价值在于付出,有学术魅力的教师正是只管付出,不求回报的教师;有学术魅力的教师在教学中不是带着知识走向学生,让学生适应自己,而是让自己去适应学生,带着学生走向知识;教师的学术魅力对学生而言就是阳光、空气和水,是学生成长不可缺少的养料。

6.成为有思考习惯的教师

美国心理学家波斯纳提出了教师成长的公式:成长＝经验＋反思。教师成长的实践反复证明:在反思中追求主动发展,专业发展和不断自我更新的教师,才是真正的好教师;在反思中练就"三熟五勤"("三熟"即熟悉新《课程标准》,熟悉各科教材"新"之所在,熟悉学生的学情,使用教材遵循教与学的规律。"五勤"即勤听、勤思、勤写、勤说、勤评)的教师才是真正的好教师;在反思中明确了课堂教学要求"五清晰"(教学目标清晰、知识框架清晰、教学思路清晰、训练要点清晰、课堂语言清晰)的教师才是真正的好教师。

(五)效果评价

教师行为文化建设因校而异、因人而异,但对建设效果的评价必须有基本的标准,这是党和政府对教师队伍的基本要求。

二、学生行为文化

(一)概念

学生行为文化主要指学生在养成、学习、集体合作、健康人格构建等教育过程中所表现出来的态度、情感等个性倾向。学生行为文化建设要围绕着素质教育的核心内容来展开,这里借助专家研究成果,将素质教育概括表述为:一个核心(坚持以立德树人为核心),两个重点(培养创新精神和实践能力),三个维度(知识与技能,方法与过程,态度、情感与价值观)。

(二)学生的行为文化建设途径

一是体验性:让体验在沉思中升华。让最聪明的头脑挑战最有价值的问题;让最灵巧的双手挑战最有含量的技艺。

二是问题性:从实际性问题到理论性原则。

三是规范性:从制度硬性约束到习惯养成。

三、质量行为文化

教育质量文化是社会文化在教育领域的特殊形态,随着社会的发展、社会文化的丰富而不断形成和完善。学校质量文化是指学校在长期的教育教学过程中,自觉形成的涉及质量问题的价值观念、意识形态、思维方式、道德规范、规章制度、法律观念及传统习惯等"软件"的总和。建设质量文化具有保证学校文化建设、促进社会文明进步的重要作用,它是提高人的素质、发挥人的潜能的重要途径,对于学校生存、教育发展、民族进步与振兴具有重大战略意义。

(一)要求

学校质量文化的集中表述应该是全面、全方位、全过程的质量观和价值观。建设学校质量行为文化要结合本校实际,制定纵向延伸到底,横向覆盖到边的质量体系标准。将学校内的所有岗位、所有人员所做的所有工作都纳入质量管理体系,规定检测程序,明确质量责任。

(二)质量行为文化的建设路径

一是树立一个理念:"全面质量管理"的理念。其核心是全面性、全员性、全程性。学生的学习分数并不等于教育质量的全部。

二是明确两种意识:品牌意识和特色意识。

三是遵循三个原则:科学发展、以人为本、全员参与。

四是抓住四个环节:按照"计划—实施—评价—改进"四个环节全程控制质量,培育文化,紧紧抓住以下重点:向课堂要质量;向教研要质量;向管理要质量。落实五方面工作:建立组织机构、健全规章制度、开展宣传教育、强化全面管理、完善质量体系。

(三)学生质量标准

2016 年 9 月 13 日,教育部委托课题、中国学生发展核心素养研究成果在北京师范大学举行的新闻发布会上正式发布。该研究成果将中国学生发展核心素养分为文化基础、自主发展、社会参与三个方面,综合表现为人文底蕴、科学精神、学会学习、健康生活、责任担当、实践创新六大素养,具体细化为国家认同等 18 个基本要点。各素养之间相互联系、相互补充、相互促进,在不同情境中整体发挥作用。根据这一总体框架,可针对学生年龄特点进一步提出对各学段学生的具体表现要求。

对"教育要培养什么样的人"这一教育最根本问题的回答和解决,必须基于对学生身心发展规律的科学认识,必须依靠科学的思考和方法。核心素养是对素质教育内涵的解读与具体化,是全面深化教育改革的一个关键方面。课题组负责人、北京师范大学资深教授林崇德,带领研究团队承担这项教育部重大委托课题,遴选和界定中国学生发展的核心素养,也是 21 世纪中国学生应具备的、能够适应终身发展和社会发展需要的必备品格和关键能力。

林崇德认为,中国学生发展核心素养研究以科学性、时代性和民族性为基本原则,以培养全面发展的人为核心,充分反映新时期经济社会发展对人才培养的新要求,高度重视中华优秀传统文化的传承与发展,系统落实社会主义核心价值观。

据了解,该课题组会聚国内多所高校近百名研究人员,在总体设计、统筹谋划的基础上,综合开展基础理论研究、国际比较研究、教育政策研究、传统文化分析、现行课标分析、实证调查研究,全方位、多层次征求各方面意见建议,反复修改完善,历时 3 年集中攻关,并经教育部基础教育课程教材专家工作委员会审议,最终形成研究成果。其间,与 12 个界别有代表性的 608 人访谈,向 566 名专家学者、校长和企业家等做了问卷调查,汇总形成约 351 万字的访谈记录和大量调查数据。

教育部研制印发《关于全面深化课程改革落实立德树人根本任务的意见》,提出"教育部将组织研究提出各学段学生发展核心素养体系,明确学生应具备的适应终身发展和社会发展需要的必备品格和关键能力"。

"我们梳理不同时期党的教育方针,发现这些教育方针相对来说比较宏观,要落实到具体的教育教学过程中,还需要将它们进一步具体化、系统化和细化,转化为学生应该具备的、适应终身发展和社会发展需要的素养要求,进而贯穿各学段,融合各学科,最后体现在学生身上。"林崇德讲到,尽管素质教育已深入人心并取得了显著成效,但我国长期存在的以考试成绩为主要评价标准的问题,影响了素质教育的实效。全面系统地凝练和描述学生发展核心素养指标,建立基于核心素养发展情况的评价标准,是对素质教育内涵的具体阐述,也是对素质教育过程中存在问题的反思与改进,从而深入回答"教育要培养什么人"的问题。

《中国学生发展核心素养》作为一套经过系统设计的育人目标框架,将从多个途径引导课程设计、教学实践、教育评价等各教育环节的变革。林崇德表示,目前的课标体现"能力为重"的指导方针,重视工具性素养,在知识、技能、态度和价值观等方面对学生提出全面要求,但仍存在对素养缺乏明确界定、系统阐释,对跨学科素养相对忽视,论述的核心素养与课程内容相脱离等问题。目前,课程、教学、评价、教研、管理等方面专家对核心素养与课程标准衔接转化的研究已经展开,重点基于核心素养总体框架,研究核心素养在课程标准中落实的方式方法。"不可能专门开一门核心素养课程,将核心素养转化为各学科的教材与评价。"北京师范大学校长董奇认为,核心素养的进一步完善落实是系统工程,还要广泛听取意见,进一步修订完善,随着经济社会的发展,这一过程永远都是进行时。

四、安全行为文化

学校安全文化是师生员工在学校安全活动中所形成的对安全的价值准则和行为方式。主要包括安全观念文化、安全制度文化、安全行为文化和安全物态文化四个部分。

学校安全文化是以学校精神为依托,紧紧围绕学校安全工作展开的,但又是将安全管理提升到文化高度来建设的管理提升工作。学校安全文化建设与日常安全管理的区别在于将常规的安全工作提升到了办学理念的层面,工作人员的一言一行都要体现学校宗旨、践行学校精神、传播学校文化、释放学校品位,将自己的智慧、态度和劳动塑造成学校名片。安全文化建设在学校发展过程中发挥着"培基固本"和"保驾护航"的作用,对师生舒心工作、愉快学习、幸福生活意义特殊。

(一)内容

学校安全工作的内容分"人的安全"和"物的安全"两大部分,人的安全以学生为重点,以保护师生的生命安全为宗旨;物的安全以保护学校财产安全为目标。

(二)目标

一是体系建设目标:借助规范化管理理论,以师生生命安全、身心健康为基点,针对问题建立制度,利用制度规范行为,通过行为训练培养习惯,通过习惯养成培育文化,由此做实安全基础,规范安全程序,提升安全能力,实现以安全保证文明,以文明促进和谐。终极目标——让安全成为习惯。

二是设施设备管理目标:配件零缺失,功能零缺陷,隐患零存在,本色零污渍,过程资料零缺漏。

三是人员素质目标:强化安全意识,规范安全行为,训练安全能力,培养安全习惯,培育价值认同。

四是学生安全行为目标——让安全成为习惯。学生应该逐步养成的基本安全习惯。

一是每天关注天气预报。

二是出门前关灯、关机、断电。

三是锁门前检查随身携带物品。

四是贵重物品妥善保管。

五是上下学路上步行走人行道。

六是骑车走非机动车道。

七是进楼道单元门前回头看。

八是开门前左右观察。

九是不给陌生人开门。

十是在教室里正确使用前后门。

十一是走路及上下楼梯靠右行。

十二是在楼梯上不低头看书、不玩手机。

十三是下楼梯时不仰头说话。

十四是到陌生地方注意熟悉逃生路线。

十五是不与陌生人近距离接触。

十六是旅游时看景不走路,走路不看景。

十七是文明出行,预防交通事故。

十八是不抢红灯。

十九是不翻越隔离栏。

二十是不并排同行。

二十一是不在马路上展示车技。

二十二是走路不踩井盖,开车不压井盖。

二十三是不玩火,安全用火后及时熄灭火种。

二十四是不在没有安全标志的水域游泳、溜冰。

二十五是餐饮卫生方面的习惯等。

第四章 高等教育育人机制探析

第一节 高等教育实践育人概述

一、高等教育实践育人的内涵

完整的育人活动离不开理论教育和实践教育的结合,尤其是在学校教育中更多体现的是一种转承关系。实践育人的独特内涵包括三个方面。

(一)实践育人注重育人行为的实践性

实践育人所要传授的知识与推理过程获得的理论知识和经验总结明显不同。在某些情况下,知识教育可以指导并促进实践育人目标的实现。但在有些情况下则不然。因此,我们不能随便否定实践知识,我们只有让它在事实上支配着整个认识活动,对人的行为起定向作用,为人们的认识活动提供更多的导向,才能在经验、理论、实践等多个层面对这些实践知识进行经验总结和理论反思。大学生只有在实践中去体验、去规划,才能进行感悟和反思。在大多数情况下,知行转化就必须具备行动的意念、毅力和能力,以上这些都需要在实践中得到锻炼。

(二)实践育人拓展的空间是广泛的社会生活,有利于加快人的社会化进程

人的社会化是生物意义的人成长为社会意义的人的过程,在社会化的过程中,人的思想行为更贴近生活、贴近实际、贴近个体的成长渴求。人的品德开始形成并逐步发展,人们不断地掌握生活技能,培养属于自己

的社会角色,也学会了如何在生活中以真诚和善意对待他人,从而建立良好的人际关系,这本身就是一个不断实践的过程。

(三)实践育人符合自我教育规律,是人本性的复归,并对素质教育有很大的帮助

在教育过程中,教育者要起主导作用,同时要重视受教育者主观能动性的发挥,使受教育者自觉养成自尊、自律、自强的优秀品格。大学生是受教育者,同时也是实践育人的主体。

通过生动有效的实践活动,实施自我教育和相互教育,在这两种教育的碰撞中,使大学生养成自觉、自律、自强的优秀品格,通过勤工俭学、助教、助研、助管,从事各种各样的服务性工作,培养热爱劳动的观念,从而增强自食其力的荣誉感和自豪感。

实践育人对提高大学生的综合素质有重要作用。在现代高效的教育理念中,素质教育已经被提到了很高的位置。坚持知行统一,把实践活动纳入大学生的学习和生活之中已经成为一种趋势。大学生通过各种校内外实践活动使自身的素质得到全面提升,同时增强了他们的生存能力和就业能力。

二、高校实践育人的特点与功能

(一)高校实践育人的特点

实践育人是基于马克思主义实践观,并在尊重教育发展规律、人才培养规律的基础上形成的科学的教育理念。高校实践育人工作以大学生为参与主体,以主观见之于客观的实践活动为主要载体,形式多样、内容丰富。实践育人的这些本质特性也决定了它具有其他各种育人手段所不具备的特点。

1.导向性

导向性是指能够使事物朝某个方向发展的特性。实践育人作为育人途径的一种,是一种目的性和针对性都很强的教育实践活动。实践育人

的导向性是指实践育人工作有明确的目标和方向,工作内容和安排都是以提升大学生的思想政治素质、培养大学生的实践创新能力和促进大学生的全面发展等为导向,设计实践育人工作的各项环节和内容,以实践活动为载体,不断实现并强化育人目标。

从宏观层次来讲,作为以育人为主要目的的实践活动,它显然不同于一般性的实践活动。实践是大学生成长发展的基本途径之一。但是大学生社会实践活动与一般性的认识和改造世界的活动有明显区别。实践育人的本质应该是一种学习活动或学习过程,因为实践育人的首要目的不是认识和改造客观世界,而是改造大学生的主观世界。因此,实践育人是有目的的培养活动,必然具有导向性的特征。实践育人的导向性要求实践的内容和设计必须以强化大学生的理想信念、提升大学生的社会责任感、塑造大学生的良好道德品格和身心素质、培养大学生勇于探索的创新精神和解决实际问题的实践能力为实践育人工作的出发点和落脚点,服务于思想政治教育和育人工作的大局,最终实现实践育人的目标。

从微观层次来讲,实践育人工作的导向性还体现在高校在开展实践育人的工作时,应围绕培养大学生综合素质的目标,根据育人工作的整体要求,对实践育人的开展情况和整体安排进行顶层设计和整体谋划,对实践育人的时间、方式、效果等都有一定的预期和监控,保证活动开展的效果。

2. 参与性

实践育人以提高大学生的实践创新能力等综合素质为导向和目的,以主观见之于客观的活动为载体,通过组织、引导大学生参与到形式多样、内容丰富的实践中去,通过生动活泼的实践体验,在认识、改造客观世界的同时,获得更为丰富深刻的认识,并在实践的过程中实现自身各种能力和综合素质的锻炼和提升,从而实现大学生的自我教育和自我成长。促进自我教育的教育才是真正的教育,实践育人的参与性决定了实践育人是大学生实现自我教育的最佳手段之一。

学生是实践育人的对象,也是开展实践教学、军事训练、社会实践活动的主体。实践育人是以学生为参与主体而开展的育人活动。可以从三个方面来理解实践育人的参与性。第一,大学生是实践活动实际存在的参与者。实践育人的所有内容都以大学生作为活动开展的主体,不管是主动参与还是被动接受,大学生都要参与实践育人的全过程。大学生通过实践活动,获得实践感悟和认识,改造自己的主观世界,提升自己的实践创新能力,优化自身的综合素质。第二,大学生参与实践育人工作会对实践育人的工作安排产生积极的互动和影响。大学生是实践活动的参与主体,学校或教师在对实践育人工作进行设计时,不能一手包办,应尊重大学生的主体地位,根据大学生的实际情况,有针对性地开展实践育人的相关工作,并根据大学生的意见反馈做出及时调整。大学生在实践育人中根据自身特点,积极参与实践育人的谋划设计和实践活动的全过程,能够提高实践育人工作的参与,充分发挥自身的主观能动性,从而达到更好的育人效果。第三,大学生可以自主地参与实践过程。大学生可以根据自己的实际情况、兴趣爱好等,选择适合自己的实践内容、实践方式、实践课题,自行组织、自行设计,必要时寻求教师的帮助和指导。在这种完全自主的实践活动中,大学生自己既是实践活动的参与者,又是实践活动的组织者和倡导者。通过自行组织实践育人活动,既能达到实践育人的主要目的,又能全面培养大学生的主体意识和大局意识。

3. 体验性

体验指的是体会经历,在实践中认识事物。实践育人的体验性是指在大学生参与实践活动的过程中,围绕一定的育人工作目标,根据大学生的实际情况和特点,为大学生提供、创造或还原各种实践机会及现实情景,使他们在参与实践的过程中深化对知识的理解和掌握,获得丰富的情感体验和感悟,提升综合素质,最终实现育人工作的目标和效果。

实践育人的体验性切合教育规律。在校大学生的学习主要以课堂理论知识学习为主,但是理论知识学习存在形式单一、参与性和活动性较低等不足,在思想道德素质和意志品质等方面的教育作用有限,因为人永远是自己也只能是自己才能体验所发生的事情及产生危机的那些生活环境和变化,谁也不能代替,就像最有经验的教师也不可能代替自己的学生去理解所讲的内容一样。实践育人的体验性特征决定了实践育人工作能够达到其他育人工作所不能达到的效果。通过理论与实践的有效结合、通过不断获得并升华丰富的实践体验,能够强化大学生在育人工作中的主体地位,调动他们参与育人工作的积极性和主动性。同时,实践育人能够更好地激发大学生的创新思维,磨炼他们的身心意志,强化他们的精神归属和价值认同。

4.渗透性

实践育人是对所有大学生参与的实践活动的概括,实践育人包含的内容非常丰富,实现的形式也多种多样,不仅包括课程实习、毕业实习、生产实习等教学型实践内容,还包括课程试验、科技创新、创业实践等探索体验型实践内容,更包括主题教育、勤工助学和社会调查等各种各样的实践活动。实践育人的渗透性主要体现在以下两个方面。

一方面,实践育人的内容涵盖其他育人工作的基本内容。实践育人是其他育人工作的组成部分和基本载体。各种育人工作和育人活动在开展的过程中无形地渗透了实践育人的理念和做法。实践育人与其他各类育人工作相互融合、相互交织、相互补充、相互促进。

另一方面,实践育人能促进其他育人目标的实现,强化其他育人工作的效果。实践是认识的来源,更是进一步深化和提升认识的基础,大学生的理论知识学习经过实践的检验方能更加深刻地理解其本质、领会内涵,内化为自己的认识和思想。同时,实践育人工作更是德育、美育、体育等育人工作的基本实现载体,是实现素质教育的基本途径。能力需要以掌握一定的知识为基础并通过实践锻炼和强化才能获得,而素质则需要通过长时间持久的实践才可以内化形成,并通过能力外现出来。理论知识的学习、识记和掌握仅仅是能力提升的初级阶段,一个人综合素质的提高往往要经过实践的历练和升华。实践育人渗透在大学生综合素质全面培养这一过程的各个环节。

5.综合性

实践育人内容的广泛性决定了实践育人是一项系统而复杂的过程。实践育人是一项系统工程,需要各地区各部门的大力支持,需要各高校的积极努力。实践育人内容的丰富性也决定了实践育人效果的全面性和深刻性,因此对实践育人的综合性可以从工作开展的综合性和育人效果的综合性两个方面来理解。

一方面,实践育人涉及多个方面。实践育人是一项系统性、全面性的工作,既需要教育主管部门、企事业单位及社会的大力支持与相互配合,又需要各高校的积极努力,不断为实践育人搭建平台、提供支持。共青团要动员和组织学生参加社会实践活动。各高校要成立由主要领导牵头的实践育人工作领导小组,把实践育人工作纳入重要议事日程和年度工作计划,统筹安排,抓好落实;要加强与企事业单位的沟通协商,为学生参加实习实训和实践活动创造条件。企事业单位支付给学生的相关报酬,可依照税收法律法规的规定,在企业所得税前扣除。同时,实践育人更离不开专业化教师队伍的指导,以及作为实践主体的大学生的积极参与。实践育人工作的开展是一项综合性的复杂工程,需要调动各方面的积极性,形成合力,才能最终保证实践育人工作的顺利开展。

另一方面,实践育人效果和目的的综合性。实践育人对大学生、高校和国家来说都具有十分重要的意义,是全面落实党的教育方针,将社会主义核心价值体系贯穿于国民教育全过程,深入实施素质教育,大力提高高等教育质量的必然要求。同时,实践育人工作的育人效果有非常强的综合性,实践育人不仅能巩固提升大学生的专业素质和专业技能,还能锻炼大学生的实践能力和创新意识,优化大学生的身心健康素质,增强大学生的理想信念和社会责任感。

(二)高校实践育人的功能

1.激励与引导功能

通过开展实践育人工作,能够进一步激发大学生奋发有为的进取精神,增强大学生的社会责任感,激励他们将个人成长成才与社会发展需要结合起来,引导他们坚定为实现中华民族伟大复兴的中国梦而奋斗的理想信念。当代大学生不仅是社会的希望、国家的栋梁、祖国建设的主力军,也是推动未来经济社会发展进步的生力军。大学生通过各种社会实践活动,走进社区、走进基层、走进人民群众生产生活实践,参与生动活泼的社会中,帮助大学生认识经济社会发展的现状、水平和面临的问题,了解人民群众生活的现实和最关切的问题、最迫切的需求,倾听群众的呼声和时代的召唤,认清自己身上所担负的社会责任和历史使命,从而进一步激发大学生奋发进取、奋发成才的积极性和主动性,增强大学生的时代责任感和历史使命感,引导大学生以主人翁的姿态,想时代之所想,急时代之所急,以更高的热情投入今后的学习生活中,更好地学习科学文化知识,扎实掌握各项专业技能,全面提高综合素质,提升自己服务他人、奉献社会的意识。

2.熏陶与辐射功能

实践育人以大学生为主体。大学生参与实践育人活动的全过程,能够对大学生的言行、思想认识等产生耳濡目染的熏陶作用,并能够对所有大学生群体和整个社会产生教育引导和辐射作用。

实践育人工作以主观见之客观的活动为载体,着重强调大学生作为实践主体的主动参与性和体验性。"人的思想品德是在社会实践的基础上主客体因素相互作用、相互协调的产物。"[①]大学生在参加各种形式和内容的实践活动的过程中,会自觉不自觉地接受实践活动的设计、安排和组织,并在实践团队成员的相互影响下,不断强化对实践内容的认同,潜移默化地接受实践过程所传达的各种教育思想,从而达到实践活动的育人目标。实践活动中实践任务的完成或目标的实现会对大学生的创新能力、创新思维、实际动手能力等各种能力及大局意识、集体合作意识、奉献意识等都有较高的要求,并使这些能力在实践过程中不断强化,使之成为大学生的行为习惯和价值认同,内化为大学生的良好品质,增强大学生的

---

①　陈万柏,张耀灿.思想政治教育学原理[M].武汉:华中师范大学出版社,2009:139.

道德自觉和情感意志,提升大学生的品格情操和思想境界,这对大学生成长成才能起到有效的引导和熏陶作用。

大学生在实践育人过程中所获得的成长,也会对校园和整个社会产生正面的辐射作用。大学生通过实践活动所获得的良好品质和精神风貌,会在校园中产生正面影响,提升整个校园的道德水平和文化活动层次,实现大学生的自我教育和自我成长。整个社会道德水平的提升也将为大学生的健康成长提供良好的外部环境,实现大学生个人成长和社会进步的相互促进与良性互动。

3. 提升与发展功能

实践育人是培养大学生综合素质的重要途径之一,它能够弥补单纯理论知识传授和学习所带来的不足,全面提升大学生的综合素质,促进大学生各方面能力的综合提升。

大学生的专业知识学习,除了理论知识的课堂传授之外,还包括实验实习、生产实习、实践训练等内容,尤其是理工科和人文社科类的相当一部分专业类核心课程,都需要通过实践环节予以强化。在实践教学环节,学生可以进一步巩固所学理论知识,有利于学生在理论联系实际的基础上实现融会贯通,提高学生对专业知识的综合掌握和运用能力。同时,实践环节能够激发学生的学习兴趣和参与热情,调动学生参与学习的积极性,提升学生的专业认同感,培养学生的创新能力、创新意识、钻研能力和求知精神。

开展实践活动,相当一部分的实践活动需要发挥大学生的自主性。大学生结合自身特点和实际情况选择活动开展的方式、时间、地点,并对活动过程进行前期策划和设计,争取各方资源为开展活动提供支持,并克服困难完成实践任务,最后做好实践总结和反思。这个过程对学生的思考策划能力、创新精神和独立解决问题能力等都有非常高的要求。学生开展实践的过程也是不断战胜自我、获得发展的过程,学生的主体意识和主体精神在实践过程中得到了深度挖掘和锻炼。人必须独自地完善自己,必须确定自己是否置身于某些特殊的事情中,必须试图依靠自己的努力解决专属于他自己的问题。正是在实践过程中,大学生的实际动手能力、创新能力、解决问题能力、独立思考能力和抗压能力等都得到了锻炼和培养,实现了大学生各种能力的全面提升和综合素质的全面发展。

三、高校实践育人的理论基础

(一)人的全面发展理论

1.人的全面发展的多维性

人的全面发展首先是人的能力的全面发展。首先,人的能力是一个人的本质力量的公开展示。人的能力的全面发展既是实现人的全面发展的题中之义,又是实现人的其他方面全面发展的重要基础。无论是在何种经济制度或者何种社会关系之下,人的全面发展首先表现为人的能力,特别是劳动能力的发展,并以此为基础促进人的全面发展。其次,人的能力是一个综合性概念,包括人的劳动力(体力和智力)、社会力、潜在力和寻善求美力等构成要素。追求人的能力的全面发展,应该是上述诸要素的协同发展,既要实现各单项能力要素的提升,又要把握好能力要素间相互包含、相互联系、相互作用的关系,追求各种能力要素间的互促共进。

2.社会实践促进人的全面发展

马克思在全面考察人类历史发展过程后发现,人的全面发展的实现是一个历史过程,其实现过程离不开高度发达的生产力、丰富合理的生产关系和人的思想意识的高度发展,且这一实现过程必须是在实践中完成的。

首先,生产力是人类创造性实践活动的结晶。任何生产力都是一种既得的力量和以往活动的产物,因此生产力是人们实践能力的结果。生产力的形成过程实质上是劳动者利用生产资料改造劳动对象的过程,这一过程是一个实践的过程。离开了劳动者的实践,自然界不会主动为人类提供生产资料,人类社会无法在自然界现存的物质财富的基础上实现发展进步。因此,只有劳动实践才能不断解放和发展生产力,进而为人的全面发展提供物质基础。

其次,社会关系是人类丰富多样的实践活动的产物。社会关系是人类在劳动生产的过程中形成的客观的物质关系,是随着劳动生产所形成的劳动分工关系、交换关系、产品分配关系和消费关系的总和。这一社会关系形成于生产实践,并随着生产实践的不断深入、物质财富的不断积累、人际交往范围的不断扩大和认知水平的不断提升,以经济基础决定上层建筑的论断为依据,在实践中实现社会关系的变革,并不断趋于合理。因此,丰富合理的社会关系是人类长期实践活动的产物。

最后,思想意识的发展来源社会实践。社会存在决定社会意识是马克思主义的基本观点之一。人类的实践过程是一个在社会活动中,在改造环境的同时也改变着自己的过程,实践不断形成、丰富和完善人类的认识,是认识的来源和认识发展的动力。实践在促进生产力和生产关系进步的同时,必然推动人类思想意识和道德水平的提高。教育是人的全面发展的重要途径,同时是一个实践过程,是传授实践活动中形成的经验。提升个体实践能力的活动,对人的思想意识的提高起着重要作用。因此,我们可以认为思想意识的高度发展也依赖和来源于实践活动。

(二)教育与生产劳动相结合的思想

教育与生产劳动相结合是党的教育方针的重要内容。教育与劳动作为人类认知系统中不可或缺的构成要素,互为依存,共同推动人的全面发展。教育和生产劳动相结合,通过知识分子的劳动化和劳动人民的知识化,来消除体力劳动和脑力劳动的差别,是实现社会和教育融通的根本途径。坚持把教育与生产劳动结合起来,才能培养出德智体美劳全面发展的社会主义建设者和接班人。

(三)青年学生在实践中锻炼成长

1. 坚持学习书本知识与投身社会实践的统一

青年要成长为国家的栋梁之材,应注重学习人生经验和社会知识。坚持知行合一,在实践中学真知、悟真谛,不断磨炼、增长本领。要重视实践育人,坚持教育同生产劳动和社会实践相结合,广泛开展各类社会实践,让学生在亲身参与中认识国情、了解社会,受教育、长才干,不断拓展学生社会实践的平台和路径。

2.将创新思维与社会实践紧密结合起来

创新思维和社会实践的紧密结合是青年成才的科学途径和青年成长的正确道路,其中社会实践是创新思维的源头活水,创新的需求来源于实践探索,创新的动力来源于实践需要,创新的成果必须应用于实践检验。同时,在社会实践的过程中,必须坚持勇于探索、敢于求新,积极运用新思维、新办法来指导青年学生开展实践活动。青年学生坚持将创新思想和社会实践紧密结合起来,有助于在解决实际问题的过程中增长见识和提升本领,有助于培养创新精神和实践能力,为成长成才打下坚实基础。

第二节 高等教育实践育人的协同机制

青年的成长成才是一项伟大的事业,同时也是一项复杂的系统工程,不仅要靠自身的学习、学校的教育,还要依靠政府、家庭乃至整个社会的通力配合、协同发力。最大限度地产生综合效应,达到"1+1>2"的最优效果,更好地助推中国广大青年健康成长、全面成才。

生态系统理论认为,个体的发展嵌套在相互影响的一系列环境系统中。因此,影响学生发展的不仅是学生自身,还与其所处的高校系统、家庭系统以及社会系统相关。

一、资源共享

"资源"是日常生活中最常见和最常用的词汇之一。无论从资源的广义视角还是从资源的狭义视角来看,资源都是一种物质要素,并具有一定的局限性和地域性。这说明资源是为人类社会活动服务的,任何人类活动都必须以一定的资源作为支撑。高校实践育人作为高校对大学生施加有目的、有计划、有组织的影响,帮助他们增强社会责任感、提升创新精神和实践能力的实践活动,其中也离不开资源,必须以一定的资源作为支撑。

实践育人资源按照实践育人的形式可以分为教学实践类资源、军事训练类资源、主题教育类资源、志愿服务类资源、社会调查实践资源、创新创业资源和勤工助学类资源。

实践教育教学资源共享是指不同的主体对实践资源在不同程度上的共同享有、享受或使用。实践资源共享简单地说就是资源的共同利用，是资源被两个或两个以上的单位或个人利用的形式。

一方面，实践资源共享能促进教育公平。另一方面，教育资源共享是促进高等教育可持续发展的必然要求。无论从促进高校可持续发展的内部客观需要来看，还是从增强高等教育区域竞争力、拓展外部生存空间的现实需要来看，资源共享能推动资源的有效、合理利用，促进实践资源的有效分享，更好地进行各种资源要素的优化配置，提高资源的利用率。资源共享改变了那种分散、封闭、单一、重复建设、条块分割、各自为政的倾向，使实践教育资源由非均衡状态向共享均衡状态转化，从而形成集中、开放、条块结合、优势互补的实践育人资源共享格局，达到有效开展实践育人工作的目的。实践育人资源数量上的有限性、功能上的互补性和分布上的差异性决定了资源共享的必要性和紧迫性，这也是实践育人资源共享的逻辑起点。实践资源共享不是无条件的，也不是无规则和无保障的。必须坚持实践资源共享的基本原则，才能促进资源配置更加合理、资源利用更加高效，进而实现资源效益最大化。

一是开放性原则。开放是指一个系统内部与系统外部之间的状态，其目的在于交流和互动的有效性实现。自助理论中的耗散结构理论认为，与外部环境间的物质和能力交换，即实现系统的开放性，是系统有序发展的前提。坚持开放性原则使人力资源、物力资源的交流以及信息的交流和共享成为可能。我们要秉持开放精神，积极借鉴其他地区发展经验，共享发展资源，推进区域合作，为促进共同发展提供广阔空间。高等教育作为社会大系统的一个子系统，担负着人才培养、科学研究、社会服务和文化传承与创新等职能，必须坚持面向世界、面向未来、面向现代化的开放性办学方向。高等教育只有主动融入世界和社会的发展中，为世界发展、社会进步做出永续贡献,才能体现自身价值、实现自身可持续发展。坚持开放性原则必须打破狭义的资源有限论,立足开放式办学的大实践育人观,构建优质资源开放平台。同时,要建立资源开放的绩效评价机制与指标体系,充分调动各方面的积极性进行资源共享。秉持开放性的原则,在实践资源共享时,要明确资源开放的内容、时间、要求,并完善资源开发利用的系列制度,为资源开放提供强有力的保障。

二是互惠性原则。资源共享是在特定的范围内将全部或部分资源提供给固定对象的单位或个人来分享利用。这表明了资源共享的现实性和条件性是遵循经济规律的、是建立在互惠互利基础上的资源共享模式。从人类学研究的角度来看,人类的共享行为可以分为三种形式:简单的非互惠给予、买卖交换以及互惠交换,而互惠交换是最主要的形式。从经济学的角度来看,资源的共享要体现资源的公共性和专有性的均衡。社会交换理论认为,人类的一切行为都会受到某种能带来奖励和报酬的交换活动的支配,实践育人资源存在着数量上的有限性和功能上的互补性等特点,因此在实践育人资源共享组织中树立互惠性原则,强调置换型对等的原则。

三是以生为本的原则。赫茨伯格的双因素理论认为,保健因素不能激发个体的积极性,要激发个体的积极性必须采用激励因素,即注重以人为本,通过成就、认可等方式来调动个体的积极性。办好高等教育必须回答培养什么样的人、如何培养人的问题。高校的一切工作都要以促进大学生的全面发展和提升他们的综合素质为前提。实践资源作为重要的育人资源,学生是资源使用的主体,因此衡量资源共享的必要性、效果等,要看是否对学生有利。实践资源共享坚持以生为本的原则,一是要了解学生的需求,尊重学生的需要,以提升学生实践创新能力的视角、满足学生实践活动需求为基本出发点和落脚点,厘清学生对实践资源的需求内容、方式和数量,尽可能为学生提供所需的实践资源;二是要让学生充分享受共享资源,为其更好地开展实践活动提供坚实保障。本着有利于提高学生实践能力和综合素质的目标,秉承互惠共享的理念,努力创造出各种共享途径和方法,让更多的学生享受优质实践资源,为他们的全面发展提供机会和条件。

高校实践育人共同体是资源共享的有效形式。"共同体"一词最早指的是处于不同关系的人或物的结合,共同体的本质就是有机生命的结合,共同体的形成对处在共同体内部的个体是有益的。就高校实践育人而言,构建实践育人共同体或高校战略合作联盟,从而能够有效解决资源分布不均、资源总量有限、资源构成差异大等问题。高校战略合作联盟的成立主要依据的是就近原则或行业性对口原则。这种高校战略合作联盟通过开展人才培养和科学研究等方面的合作,实现了实践教育教学资源的共享。

二、部门联动

就高校实践育人是一项复杂、艰巨的整体性和系统性工程,涉及高校、政府、企事业单位等诸多部门。实践育人工作的落实与深入推进不是一个部门的事情,更不是单一部门和组织能做好的事情,需要充分利用系统论和教育整体观的理念,将各部门、各组织之间联动起来,更需要政府、实践育人接纳单位与高校等诸要素的相互支撑,形成良性互动,为实现资源共享提供可能,以实现各种资源的最佳配置、高校实践育人工作的有效衔接和密切配合,共同作用于高校人才培养质量的提高。

一是建立各层面的部门联动领导机制和体制。从国家层面,成立由教育部、中宣部、财政部、文化和旅游部、原总参谋部、原总政治部和共青团等中央和国家部委组成的实践育人联席工作机构,统筹国家层面实践育人政策的制定,完善中央和国家层面有关部门联动实践育人的体制和机制,重点突出实践育人工作的整体谋划;从地方政府层面,要建立政府主导,教育部门牵头,宣传部门、财政部门、文化部门、共青团组织、军事单位和企事业部门等组织的地方实践育人联动机构,着力研究和解决辖区内实践育人的问题,有效整合辖区的实践育人资源,推进实践育人工作的落实,为高校开展实践育人提供条件保障和资金支持;从高校层面,建立学校党委统一领导、党政工团齐抓共管、部门协作联动和各单位具体落实的管理体制,成立由校党委牵头,学工部门、校团委、教务部门、研究生教育管理部门、宣传部门、财务部门,保卫部门和后勤管理部门以及学校资产管理部门等单位负责人组成的学校实践育人工作领导小组,统筹学校层面实践育人工作,制定实践育人的总体规划和实施方案,营造实践育人的良好氛围和和谐环境,做到与学校中心工作同部署、同要求、同考核同落实。

二是明确部门联动中的责任分工。明确部门联动工作中的部门职责十分重要,因为部门联动的核心是工作协同和配合,工作协同是基于一个系统内以分工负责、权责分明为前提,部门责任明确的分工负责制是部门联动的前提和基础。实践育人这个大系统牵涉中央、地方和高校三个层面,涉及众多的部门,只有明确各部门联动中的分工,才能使各部门的权责更加清晰,才能保证实践育人持续推进,才能提升实践育人工作的张力。从高校层面上,在制度层面对部门的工作任务和工作内容进行明确和细化。教务部门具体负责实践育人中的实践性教学安排、实践教学学分系统性安排和实践性课程学分评价、校内外实践基地的管理、科技创新创业等工作。校团委具体负责大学生社会实践和青年志愿者服务等实践活动的组织;研究生教学管理单位具体负责研究生的实践育人工作;学工部门具体负责勤工助学类实践活动的开展,完善大学生综合素质评价标准,将大学生参加实践育人活动的表现情况纳入综合素质评价体系;宣传部门负责实践育人的氛围营造和典型宣传;财务部门负责实践育人经费的核算和划拨;企事业单位负责教学实践环节和社会实践活动的接纳和条件保障。通过分工负责制,使各部门对实践育人的工作职责更加明确,工作的积极性和主动性进一步增强。

三是完善部门联动的协同工作机制。机制的建设是高校实践育人整体性建设的重要保障,健全机制是构建整体性实践育人新格局的基本要求。完善部门联动的协同工作机制,首先要建立信息交流机制,实现信息共享,以政府和高校为主体建立区域性的信息交流平台,建立基于制度政策、工作落实和工作成效为主要内容的实践育人一体化信息平台。各联动部门对实践育人工作的落实情况进行及时沟通和反馈,确保工作信息的实效性和准确性,为下一步开展工作提供依据和参考。此外,要建立信息反馈机制,各联动单位要通过信息化平台定期对实践育人具体某一项工作的推进和落实进行反馈,确保工作步调一致。其次,要建立定期会晤机制,加强交流。建立部门联动联席会议制度,每年要召开专题会议,对年度实践育人工作目标和工作内容进行部署安排,细化各部门、各单位的任务和分工,强化实践育人的顶层设计,注重工作的协同和配合;每年要召开工作推进会,系统总结实践育人开展的情况和工作中存在的问题,研究解决工作中遇到的困难和难题;每年要召开年度工作总结会议,共同研究和制定下一年度工作计划和目标。再次,要建立部门联动的考评奖励机制,激发活力。实践育人的实效性如何,部门联动的工作落实情况是关键。要建立部门联动工作考评制度和工作考评奖励机制,对各部门的工作配合、工作落实和工作保障等情况进行全方位系统化的考核,在考核的基础上对表现优秀的部门进行奖励,激发部门参与实践育人的自觉性、责任感和使命感。最后,要建立部门联动的风险分担机制,确保育人成效。任何一项政策的出台都存在效果失真、执行不力、背景转换、突发事件等干扰与风险。在面对某项实践育人政策可能发生的风险时,各参与部门要统一思想,尽最大努力积极应对、主动承担,第一时间察觉、第一时间通报、第一时间会商、第一时间决策、第一时间行动,重新评估风险点,并对育人效果不佳的原因进行系统分析,能调整的及时调整、该放弃的果断放弃。

三、全员参与

要充分发挥好高校实践育人工作的育人功能,不仅要从资源共享和部门联动这两个方面着手,还要从树立大育人观的理念着手。要树立全员参与的意识,构建全方位全过程的实践育人合力机制,使加强实践育人成为全校师生员工自觉的共同追求。全员参与就是要让实践育人工作的参与者,包括教师、辅导员、学生家长、校友等,相互配合、相互支持、相互协调,共同努力,从而使各个要素努力朝着既定的工作目标前进,形成教师、学校、家庭与社会积极互动、全员参与的局面,从而达到教育人、培养人、发展人的目的。

首先,发挥高校教师的主导作用。教师是一所学校能否培养德智体美劳全面发展、有觉悟、有文化、高素质创新型人才的关键。教师是学校办学的主体力量,是教育的第一资源,教师实践育人是全面提高人才培养质量的重要保证,因此要发挥高校教师在实践育人工作中的主导作用。实践教学是高校教学工作的重要组成部分,是深化课堂教学的重要环节,也是教师实践育人工作的着力点和有效载体。教师实践育人首先要保证教师在实践教学课程中的投入,通过制度化的管理方式,确保教师都有实践教学任务和实践教学课堂,鼓励实践教学效果好的教师长期从事实践育人工作,以保证实践教学师资队伍的稳定性和高质量。

其次,发挥辅导员的组织引导作用。辅导员是大学生全面成长和健康成才的指导者和引路人,也是实践育人工作的组织者、实施者。辅导员在实践育人工作中发挥的作用包括以下两个方面:一方面,认识是行动的先导,只有正确认识才会有积极的行动。另一方面,辅导员要做好实践育人活动的组织设计工作,军事训练、主题教育和社会实践活动都是实践育人活动的形式。

最后,发挥家长和校友群体的支撑作用。学校教育与家庭教育相结合是开展育人工作的有效方式。实践活动大多数都是非第一课堂的教学形式,具有开放性、分散性和自主性等特点。家庭的理解和支持十分重要。学校通过家长会、家长信箱等形式完善与家长的沟通机制,介绍实践育人工作的政策和要求,使家长明确实践育人在学生成长发展中的重要作用,同时从心理上、物质上和经费保障等方面给予支持和帮助,发挥家长在实践育人工作中的作用,形成实践育人的合力。首先,家长应该树立正确的人才观念和教育理念,认清家庭教育对孩子成才的重要性,弄懂自身对孩子成才的重要性,明白早期教育对孩子成才的重要性。其次,应该探寻并实施科学的教育方法,注重正面引导,强化榜样引领,多鼓励引导,少批评指责,不能简单粗暴,不搞极端化教育。再次,家长要严以律己、以身示范,利用自身的良言善行如春风化雨般地感染、带动孩子向上向善、成长成才。同时,家长应该遵循青年成长特点和成才规律,结合孩子的兴趣爱好帮助他们树立远大的理想和坚定的信念。此外,青年处于拔节孕穗期,其"三观"正在形成、尚未成熟,情绪、性格等方面总是起伏不定、变化多样,因此家长要尝试适时适度地运用青年喜闻乐见、耳熟能详的方式和载体规范、引导他们的行为。

校友作为信息丰富、知识密集,与母校有着特殊感情的群体,成员分布广泛,拥有一定的社会资源。校友资源是高校教育资源的延伸和补充,在实践育人中要争取校友的支持,通过校企合作、产学研联盟等形式,发挥校友资源在实践育人中的资源保障和条件支撑作用。

第三节　高等教育实践育人的保障机制

一、以思想共识为先导

舆论宣传工作可以提高全社会对实践育人的思想认识,推动实践育人工作的有效落实,使实践育人成为社会、学校、教师、家庭和学生的共识并转化为自觉的行动,形成社会、高校和家庭合力重视、参与和支持实践育人工作的良好氛围。

首先,把握正确的舆论导向。由于大学生处在人格尚未定型的青年时期,容易受到外来思潮的影响,往往对新鲜事物不加分辨地接受,不利于正确世界观、人生观、价值观的形成。近年来,有的大学生身上存在着不同程度的理想信念缺失、诚信意识淡薄、人际关系冷淡、心理素质脆弱等问题。高校作为面向大学生开展舆论宣传的主阵地,担负着贯彻落实党和国家的教育方针,为社会主义事业培养德智体美劳全面发展的接班人和建设者的历史重任,必须把正确的舆论导向作为宣传思想工作的根本方向,在坚定立场不动摇的前提下,凝聚更多共识、形成更大合力,主动适应新形势、分析新情况、用好新媒体,牢牢把握舆论引导的主导权和主动权。在加强实践育人的过程中,坚持把马克思主义实践观作为理论指引,宣传党和国家的教育方针,深刻分析各种思想对大学生的成长和发展带来的巨大冲击。引导广大青年学生树立教育与社会实践相结合是成长成才的必由之路的正确观念,让广大师生深刻地认识到实践育人工作的重要意义;引导大学生树立正确的实践观,自觉抵制不良观念的影响,积极向群众学习,促进自身的全面发展,提升创新精神和实践能力,从而产生让全社会都能关注和支持实践育人工作的强大正能量。

其次,充分运用大众化媒体工具。媒体工具是舆论宣传重要的媒介与载体。大众化媒体包括平面媒体和网络媒体,具有覆盖面广、实效性强和信息量大等优势,是舆论宣传的重要载体,是营造浓厚实践育人氛围的重要途径。一是注重利用报刊、广播、电视等传统媒体,对实践育人工作的意义、基本政策、活动内容和工作要求等进行广泛宣传,确保实践育人政策宣传入脑入心,推广实践育人的新经验、新做法和新思路,促进经验交流和成果共享,多角度宣传营造实践育人的良好氛围;二是积极发挥互联网的传播优势,尤其是微信、微博、抖音等新媒体的作用。

再次,选树和宣传实践育人的先进典型。实践育人先进典型是全社会,特别是高校师生学习和效仿的榜样,能对实践育人工作发展起到推动、促进作用。选树和宣传实践育人的先进典型,把握贴近实践育人工作、贴近师生实际的原则,要从大学生的日常学习生活中培育和树立实践育人的先进典型,从选、培、树、导、护五个环节做好相关工作,早发现、早培育,充分挖掘和宣传先进典型的优秀事迹,激励广大教师参与实践育人工作的主动性和创造性,激发大学生积极参与实践活动的主体性和积极性。大学生的身心特点决定了先进典型的亲和力、感染力和带动力能引领和带动广大学生积极参与实践育人活动,促进大学生健康地成长成才。因此,先进典型培育、选树、宣传是做好宣传思想工作的重要发力点,也是实践育人工作的闪光点。

最后,大力培育、选树、宣传先进典型的同时,也要注意两个方面的问题。一是选树时机的问题。在学生中发现好苗子后应该大力培育、悉心指导,帮助其健康成长为参天大树,但培育和指导过程一定要遵循人才成长规律,在适当的时间给予养分,而不是虚张声势、揠苗助长,误使好苗子旁逸斜出。在典型培育过程中,既不能溺爱,又不能置之不理,而是要在适当的距离外保持适当关注和适量关心,掌握好选树、推出时机,慎重宣传。二是典型保护的问题。就是要旗帜鲜明地保护先进典型,帮助其克服缺点和不足,并在此基础上为其持续发展整合资源、提供支持。

二、以活动建设为载体

实践活动是将大学生在课堂中掌握的理论知识与生产实践相结合的有效途径。系统开展实践活动,是充分发挥实践活动的重要作用,进一步提高高等院校人才培养质量的重要保证。系统开展实践育人活动,强化整体设计,构建实践育人活动体系,搭建实践育人平台,创新活动形式,提升活动质量,引导大学生树立正确的世界观、人生观和价值观,培养大学生的责任意识和创新精神,提升大学生的实践能力和综合素质。

首先,构建实践育人活动体系。大学生实践类型包括教学实践、社会调查、生产劳动、勤工助学、主题教育、创新创业、爱心公益和志愿服务等活动。要结合实践类型构建活动体系,形成以主题教育、专业实践、社会实践、志愿服务、创新创业和勤工助学为主要内容的活动。主题教育包括思想引领类和道德类实践活动。思想引领是大学生社会实践活动的核心,包括"三观""三热爱"主题教育活动,举办主题讲座、组织学生到博物馆、纪念馆等爱国主义教育基地开展"红色之旅"活动;以重大节日和重大事件为契机,开展主题团日活动、理论知识竞赛、时政案例分析大赛等教育活动。道德实践类活动包括开展诚信教育活动。

其次,创新实践育人活动组织形式。实践育人活动能否取得实效,关键在于实践活动的内涵和质量,以及学生参与活动的积极性和主动性。当前实践活动中普遍存在着活动模式单一、内容缺乏新意、学生参与度不高等问题。高校将项目化管理引导到实践育人活动的组织工作中,采取招投标的形式推动实践活动的实施,能强化大学生的自我管理、自我参与和自主创造,最大限度调动学生的积极性和主动性,使社会实践由"要我做"变成"我要做",充分发挥大学生在实践活动中的主体作用。以项目化管理方式组织实践活动,涵盖了活动开展的前期、中期和后期等全过程,包括了活动规划、活动启动、活动实施、活动监督、活动考核评价等环节。

最后,充分发挥大学生社团在实践活动中的组织和策划作用。作为高校学生依据兴趣爱好自愿组成、按照章程自主开展活动的学生组织,大学生社团具有团结凝聚大学生和组织开展活动的优势。而且,随着社会发展、国际合作加强、学生兴趣导向和自主意识日益凸显,高校学生社团与兄弟院校、社会组织、企事业单位的横向联系日益增多,并在发展过程中形成了网络建团、网络组织、网络动员的新趋势。在实践育人中,高校党团组织要在活动设计、活动组织开展上加强指导,在经费和指导教师上给予保障,确保实践活动有计划地开展,以高质量的活动确保实践育人效果。

三、以基地拓展为依托

实践基地是高校组织、引导大学生进行有目的、有计划、有组织地参与一系列教育活动的稳定载体,是大学生实践活动的基本载体和保障,是高校开展实践育人活动的基础和保障,以及大学生社会实践能力的基本培育点。实践单位应该提供更多的实践机会与安全保障,加强指导队伍建设,优化实践内容设计,加强校、企、生三方合作平台建设。

实践基地能固定和长期地为大学生开展实践活动提供场所,因此在实践育人的背景下,社会各方应该为大学生深入开展社会实践活动提供保障。为确保大学生实践育人活动的长期稳定发展,从学生发展出发,结合地方实际情况,加强校地合作,建立和完善共同受益的实践育人基地,推进高校实践育人活动常态化发展。

首先,建立功能多样和类别细分的实践育人基地。为满足学生实践活动的需要,高校应坚持校企合作、校所联合、学校主导的原则,建立一批教学与科研、生产紧密结合,学校与社会密切合作的实践教学基地,依托国有大中型企业、外资企业等建立毕业生教学实习基地、毕业实习基地,依托高新技术产业开发区、工业园区、大学科技园,建立大学生就业创业基地和勤工助学基地,联系革命历史纪念馆、博物馆和爱国主义基地建立思想政治教育基地,依托城市社区、农村乡镇、工矿企业、部队、社会服务机构等建立社会实践和志愿服务基地。

其次,注重实践育人基地的稳定性。长期稳定的实践基地是大学生开展社会实践活动的重要依托,对于实践理论成果的应用和推广有着重要意义。因此,高校要建立科学的激励和管理制度,充分发挥教师的参与热情。鼓励教师推荐基地的建立,教师推荐的基地很多都与教师的科研、教学等密切相关,可以加强与就业基地的长期联系,引导教师积极参与实践活动,确保基地的实践育人活动持续、稳定、健康发展。要深化实践基地与当地政府部门之间的联系,依托实践基地服务地方经济社会发展,深度参与服务与科技进步推广、经济持续发展、社会治理创新,加强校地合作、校企合作、校所合作,促进协新,实现互利共赢。

四、以经费投入为保证

资金的投入是实践育人活动顺利开展的物质基础。要保障实践育人工作的效果就必须加强经费投入,针对不同实践教育形式,建立由国家主导投入、学校专项经费、地方政府支持、公益机构和企业赞助、大学生自愿缴费等多渠道的经费投入保障机制。有条件的高校可以探索建立大学生实践教育专项基金。

首先,实践育人经费是教育投入的重要组成部分。政府拨款是高校实践育人活动开展的根本保障和主要来源,中央政府要将大学生实践育人经费纳入公共财政支出预算,并把此项经费支出作为支出的一个重要组成部分,各级政府要把高校实践育人列入政府公共财政专项,教育行政主管部门要根据不同类型的高校、不同类别专业分别制定实践育人经费投入标准。在教育投入中明确列支目录和支持额度,为高校推进实践育人提供经费保障。政府财政支出可针对企业实践基地建设的情况和企业支持实践工作的情况,从税收方面实施税收减免政策,对于企事业单位、社区和农村等长期实践基地,应给予经费补助或结合考核情况给予经费奖励。

其次,高校要有专项经费保障实践育人。高校要设立实践育人专项经费,并形成实践育人经费正常增长机制,大幅度增加实践教学专项经费,列入预算、专款专用。

再次,要建立大学生实践育人专项基金。高校要设立大学生实践育人专项基金,争取公益机构和社会企业对他们的资助,高校要不断努力扩大社会影响力,建立机制,通过发动校友捐资、企业合作投资等方式,吸引社会资金的投入,探索高校与企事业单位的双赢模式,从而多渠道地吸引实践育人的资金投入。高校一是要建立良好的实践育人体系,增强企业投入的吸引力。高校在科学研究、理论制度研究等方面处于领先地位,可以通过与企业的合作为企业提供智力和技术支持,为企业的发展出谋划策。二是要精心组织好实践活动,扩大企业社会影响力。

最后,积极探索大学生自愿缴费、互助参与新模式。一是设立"高等院校实践育人学生互助基金",由学校发起成立,并组织"基金管理委员会",学生自愿参加,参与者可以根据个人情况向互助基金捐款注资,募集资金由"基金管理委员会"统一管理,任一成员有参与实习实践需求时都可以向"基金管理委员会"提交申请,"基金管理委员会"审核、讨论后决定资助金发放金额。"基金管理委员会"由学生自发组织、自主成立,学校有关部门对其进行指导监督并全程参与委员会的日常管理。二是设立"高等院校志愿服务基金",所有在校大学生均可向"基金"捐款,"基金"所募款项用于慈善事业和志愿活动专项经费,"志愿服务基金"由学校青年志愿者协会统一管理,学校团委指派专人对"基金"的募集、管理、使用程序进行监督,切实保证"基金"的顺畅运行。

第五章　高等教育"三全育人"体系构建及机制

　　"三全育人"综合改革成为新时代大学生思想政治教育工作的重要方面。在长期的教育实践过程中,深刻体现了全员育人、全方位育人、全过程育人的教育理念,将育人过程与学校办学定位、人才培养目标、学生的价值塑造、个性发展相融合,坚持以教师为主导,以学生为主体,改革人才培养模式,以实践为主线,构建了全程、立体、动态的育人体系。经过多年的教育实践探索,为"三全育人"综合改革体系积累了宝贵的经验,构建了完善的体系,将对高校实施"三全育人"综合改革提供一定的理论和实践参考。

第一节　高等教育"三全育人"的总体目标

一、适应我国高等教育人才培养的根本要求

　　高等教育的目标取向,不仅应注重把学生培养成为应用型人才,强调其实践性的提升,而且更要注重培养学生的"德商",使学生具备健康的道德理性和价值理性,成为知行合一的行为能力个体。高等教育办学要以现代教育理念为指导,全面提高教育教学质量,促进高等职业教育健康发展。要坚持育人为本,"三全育人"为先,把"立德树人"作为根本任务,把社会主义核心价值体系融入高等教育人才培养的全过程。德才兼备是我国高等教育对合格人才的要求。无论高等教育的职业性和实践性有多么重要,都不能脱离学生这个教育主体。否则,高等教育的培养目标就会出问题。

进入 21 世纪以来,随着我国产业结构的调整,现有的高等教育育人体系在很大程度上已经不能适应新的需要,创新构建高校"三全育人"体系势在必行。创新高校"三全育人"体系,一定要顺应社会主义核心价值观的要求,结合高校人才培养方案和要求,强化办学特色,突出适用性,高度重视职业道德教育和法制教育,重视培养学生具有责任感、敬业精神、诚信品质与遵纪守法意识,努力培养基础扎实、技能突出、品德高尚、习惯良好、身心健康的合格大学生,为社会培养生产、建设、管理、服务一线的高素质人才。

二、基本覆盖高校"三全育人"教育的全部阶段

整合创新"三全育人"体系,要求我们必须准确把握学生的基本特点和规律,探索建立长效机制,为社会培养高素质人才。

不同年级的高校学生具有不同心智与认知模式,都有其自身学龄特点,"三全育人"体系实施要体现学龄特点,由浅入深、循序渐进,使高校"三全育人"目标细化得以具体实施。

高校一年级"三全育人"体系,适应从中学生向大学生角色转变的成长时期,"三全育人"体系整合创新要注重"明确发展方向,提高综合素质",着眼于高校"三全育人"教育的"导向"教育。高校二年级"三全育人"体系,适应学生由大学生向准职业人的成才时期,"三全育人"体系整合创新要注重"加强技能训练,培养专业能力",着眼于高校"三全育人"教育的"定向"教育。高校三年级"三全育人"体系,适应学生处于从准职业人向社会人、职业人的成人时期,"三全育人"体系整合创新注重"实现角色转换,强化职业能力",着眼于高校"三全育人"的"去向"教育。因此,探索和构建高校"三全育人"体系,其目标、内容、途径、方法、管理、评价等方面,必须尊重高等教育的基本规律,遵循高校学生成长与教育规律,将"三全育人"教育目标、"三全育人"内容分解到高等教育的全部阶段、全部过程中,从实践的视角构建高校分年级、分阶段、分层次的"三全育人"体系,建立分层递进、螺旋上升、和谐衔接的有机联系,坚持理论与实践相结合,寓

"三全育人"于课堂教学,寓"三全育人"于专业实训实习,寓"三全育人"于社会实践。

三、体现我国高校"三全育人"教育的特点

整合创新高校"三全育人"体系,必须根据高校学生身心特点、品德形成规律,坚持"知"与"行"的统一,把职业理想教育、职业道德教育、就业指导与创业教育作为重要内容,并贯穿"三全育人"教育的全过程,让学生在社会实践与亲身体验中,将正确的道德认识内化为道德信念,升华为自身素质,转化为自觉行动,形成一种良好的习惯,培养出具有爱岗敬业、诚实守信、精益求精、服务社会的高技能人才,实现与培养目标的协同,实现大学生与岗位的零距离接触。

四、整体构建高校"三全育人"体系模式

针对高校"三全育人"体系统一性、层次性、针对性的不足,我们要遵循"三全育人"体系的整体性、系统性原则,采取有效措施,构建具有横向循环、纵向并行的"三全育人"体系模式。

(一)建立横向循环的高校"三全育人"体系模式

横向循环的高校"三全育人"体系,包含目标体系、内容体系、途径体系、方法体系、管理体系与评价体系六个子体系。它们构成了一个基本循环,形成了首尾相连、环环相扣的横向循环运行体系。

在"三全育人"体系的横向循环模型中,依据评价体系反馈的信息,进一步明确并调整目标体系,整合、序化与育人目标相适应的内容体系,然后拓宽途径体系,组合优化方法体系,实行绩效管理体系,最后进入评价体系,得出反馈信息。首尾相连、环环相扣的循环系统,并不始终具有唯一性、同向性,评价体系在系统中起到承上启下改变循环方向的关键作用,或是进入下一个循环,或是返回循环中的某一个体系。

(二)建立纵向并行的高校"三全育人"体系模式

纵向并行的"三全育人"体系,是在"三全育人"体系横向循环的基础

上,依据育人对象—高校学生心智成熟度、四个年段的差异性,将各年段的育人目标、育人内容、育人途径、育人方法、育人管理和育人评价各子体系,按照一年级、二年级、三年级、四年级的"三全育人"目标,逐级建立纵向衔接、分层递进的运行体系。

在"三全育人"体系纵向并行的模型中,育人目标、育人内容、育人途径、育人方法、育人管理与育人评价横向循环。因"三全育人"目标具有一定的确定性与唯一性,不同年级"三全育人"内容具有结合年段差异的选择性,围绕"三全育人"内容、途径、方法、管理与评价,因此纵向形成一个个循环体系并行实施。

在这个体系中,纵向并行带有一定的灵活性,一年级育人目标只有在经过评价结果为合格的情况下,方可根据学情特点纵向进入二年级的育人体系,并且自觉接受下一轮育人循环体系的考评。这种纵向并行的育人运行机制充分体现了"三全育人"体系的自我修复与动态管理功能。

第二节 高等教育"三全育人"的有利途径

实现高校"三全育人",要通过一定的途径,采取有效的措施。其途径可分为五种:思想引领、搭建平台、制度规范、营造氛围、总结提升。

一、思想引领

(一)大学生思想引领工作的基本路径

1. 有计划有步骤地进行系统的思想引领工作

深入开展社会主义核心价值体系学习教育,用社会主义核心价值体系引领社会思潮、凝聚社会共识,倡导富强、民主、文明、和谐,倡导自由、平等、公正、法治,倡导爱国、敬业、诚信、友善,积极培育和践行社会主义核心价值观,这是对社会主义核心价值观的诠释,也是大学生思想育人的主旨。通过主题讲座、党课、团课、英雄事迹报告会等形式加深学生对社会主义核心价值观的理解和认识,加强团员青年的政治思想教育、理想教育、"三观"(正确的世界观、人生观和价值观)教育、"三义"(社会主义、集体主义、爱国主义)教育。

2. 结合时代特色,创新思想引领工作新模式

随着当代大学生思想活动自主性、选择性、多样性、差异性明显增强,采取多种形式的教育方式,认真做好大学生思想政治工作,显得尤为重要。要坚持用中国特色社会主义理论体系引领青年学生,思想教育工作要脚踏实地,常抓不懈,既严又实。如今处于信息化高速发展的时代,学生又是吸取新事物、新信息最迅速的群体,不免会接触到一些不良的思想意识形态。这就要求我们的思想育人工作要主动抓、时时抓,重点抓好大学生的信仰教育,要让年轻一代始终保持对马克思主义、对中国特色社会主义、对中华民族伟大复兴的坚定信念,警惕并杜绝西方资本主义腐朽思想的侵蚀。

(二)改革创新大学生思想引领方式

1. 建设网络资源平台

根据学生的实际特点,为学生搭建网络资源平台,让更多的学生参与到网络教学实践中,使得网络教学平台能够为学生起到思想引领作用。通过利用网络媒体对学生日常学习生活中存在的问题进行分析、判断,进而对学生进行积极引导。通过利用网络渠道加强对学生集体主义思想理念的教育,不仅可以对学生的网络行为起到规范性作用,而且可以避免由于个人行为导致的错误判断。

2. 利用官方微信、微博

首先,高校的官网以及微博等平台不应该出现一些空、大的理论,而应该切合校园实际,发布一些有针对性的文章或者材料等,并与学生展开互动,对学生开展有效管理。其次,高校的微信公众号以及微博上应该时常更新一些与学生日常生活相关的文章。另外,还可以增加一些有实际作用的功能,增加学生的体验效果,

3. 学生事务管理信息化

通过实现互联网技术化,进而推动大学生思想教育工作的开展。如

今互联网已经成为大学生获取信息的必需渠道,因此高校可以通过利用互联网技术来实现事务管理工作。通过利用互联网技术中的信息管理技术、大数据技术以及数据推动技术等,进而使得大学生的学习生活以及其他方面都能利用互联网进行串联。通过利用校园的学生信息系统为学生搭建数据记录系统,对学生从上大学开始一直到毕业整个过程的数据信息进行记录,不仅可以简化学生管理事务,而且可以对学生的发展情况进行准确定位,并对未来的发展准确预测,建立完善的预警机制。

4.加强网络日常管理

大学校园通过将网络危机预警和网络市场管理机制相结合,进而对大学生日常生活中出现的一些思想问题及时监督并制止。网络日常管理工作的主要负责者是大学校园中的基层思想工作者,他们可以通过网络媒体与大学生实时互动,进而监督大学生的思想变化情况,了解大学生所面临的各种心理问题,对网络舆论进行正确引导。网络预警机制需要学校各个部门、各个组织的参与,尽量做到实时监督大学生群体的动态思想变化情况,并及时扼杀大学生中出现的不良思想。

5.推动诚信校园建设

将实体校园与虚拟校园进行结合,积极建设诚信校园。对大学生建立个人网络信用机制,并对大学生的个人信息进行整合以及管理,进而为学生搭建一个完整的网络信息平台。与此同时,还需要做好虚拟校园与现实校园连接的工作,让学生能够更好地遵守虚拟网络中的规范要求。通过利用网络媒体与学生实时互动,进而使得学生更好地遵守网络和现实中要求。

(三)加强大学生思想引领工作者的队伍建设

高校思想教育工作者在日常工作当中需要不断提高自身的科研水平,并且在日常工作过程中努力将理论与实践结合在一起,在实践中丰富自身的思想信念,进而将思想教育工作与自身的思想理念融合在一起。高校通过建设和培养一支有能力的人才队伍,对大学生的思想发展进行引导。第一,加强师资队伍建设,通过开展思想政治教学课程以及形势与政策课程对学生的思想道德进行教育。第二,创新教学模式,将兼职与专职教学模式相互结合,让辅导员以及班主任在学生思想道德引导方面发挥出重要作用。第三,打造一批优秀的大学生人才队伍,通过在大学校园中选择模范代表,积极培养大学生骨干人才。

二、搭建平台

(一)搭建网络大平台,掌握学生思想新动态

目前,不少高校的职能部门在尝试开发和运营微信公众号。有一些高校为了建立宣传窗口还专门成立了新媒体中心。但是从学生的关注、反馈来看,机械式的信息植入对学生的影响非常有限,高校宣传阵地的转移并未带来大幅提升的宣传效果。综上所述,新时期思想政治教育工作者开展工作的切入点,应该是学生最关注、最关心、最感兴趣的问题。

对大学生的思想展开深入研究,并对不同思想类别的大学生实施分类管理方法,为大学生健康成长提供服务。还要利用网络媒体、论坛等渠道对大学生群体进行问卷调查,时时关注大学生的思想变化,及时关注校园的网络舆论,指导大学生正确看待问题。利用网络媒体为大学生营造良好的校园文化氛围,将社会主义核心价值观落实到思想教育工作中。

(二)搭建校园新媒体平台,打造思想政治教育新空间

一是创建各种专题网站,为大学生提供心理咨询、招生信息、毕业就业等各种服务。二是建立官方微信群、QQ群以及校园微博等,每一个学院中的每一个班级都可以申请班级主页,进而为学生提供各个方面的信息。三是建立实时通信平台。通过这些平台,高校可以开展丰富多彩的校园文化,还可以组织学生参加党团校培训,将社会主义核心价值理念向学生宣传,为学生培训职业素养,指导学生如何面试等。四是通过制作一些微视频或者微电影等为大学生宣传思想道德方面的内容,进而将思想道德教育渗透到学生生活和学习的方方面面。还可以利用校园网络为学生开展校园直播或者思想道德讲座等。随着网络时代的到来,高校在为学生开展思想政治教育过程中应该充分发挥网络的作用。网络技术的应

用不但能起到传播正确思想的作用,而且能够使学生的校园生活更加丰富。

(三)搭建师生互动平台,形成"三全育人"引领新机制

在新媒体时代背景下,要想做好学生的思想政治教育工作,离不开高校师生的全体参与。学校作为思想政治教育工作的管理者,应该为学生制定完善的人才培养方案,致力于提高学生的思想政治素养。同时还要打造一支优秀的人才教育队伍。这支人才教育队伍主要由以下人员组成:思想政治理论宣传人员、专业课教师、思想政治教师、学生党员等。

教师需要努力将信息技术应用于思想政治教学中,并通过网络媒体与学生进行沟通和交流,引导大学生提升媒介素养,在教学过程中为学生讲解如何正确看待网络信息,如何合理利用网络技术。教师需要实时关注学生们的动态信息,了解学生的思想特点,针对学生思想中存在的问题及时辅导。面对国内或者国外的一些重点新闻事件时,要学会以理智的心态来看待,不能盲目听信网络舆论。

同时,学校还要努力打造一支专门负责思想教育工作宣传工作的大学生人才队伍,还要做好网络媒体下的思想政治教育操作和维护工作,使他们成为老师的得力助手,使他们熟悉新媒体技术、了解学生的需求,做好调查问卷信息整理、舆情调查分析、网络信息收集等工作。此外,高校思想教育工作者还要将自身在思想道德方面的引领作用发挥出来,当面对校园重大的舆论时需要第一时间"站出来"帮助学生,正确引导校园舆论,制止不良思想在校园中传播。

三、制度规范

(一)制度规范的作用

1. 认识导向作用

大学制度建设的根本作用在于营造有序合理、公平公正的校园环境,保证大学成员的合法权益,引领良好的道德风尚。道德认识是个体对道德规范及其执行意义的认识,是学生对是非、善恶、美丑的理解掌握及在

此基础上形成的相应的价值观和判断能力。道德认识的形成固然需要一定的灌输和说理，但离不开学生生活于其中的可知可感的一种具体生动的环境影响。良好的大学制度规范就是这种环境不可缺少的组成部分。大学通过对文化传统、校园气氛、集体舆论以及教师言行评价的强化，会给学生提供一个参照系，通过隐性的教育和价值取向对学生施加影响，对学生态度和认识的形成发挥着导向作用。

2. 情感陶冶作用

"道德情感是关于人的举止、行为、思想、意图是否符合社会道德规范而产生的情感体验，道德情感具有调节的功能，影响着道德认识的形成及其倾向性，道德情感形成具有自发性和情境性。"大学制度文化对学生产生的作用更多的是一种气氛的影响，使人与这种情景相互作用，使学生在特定的环境中自然而然地获得一种道德情感与心灵的熏陶（特别是良好的校风和传统），这种情感的形成尤其离不开隐性课程的体验、熏陶、感染的作用机制。大学制度文化作为隐性课程，恰好提供了现实的情境让学生体验感悟。大学制度文化所内含的伦理价值取向在大学日常生活的现实情景中深刻地影响学生的价值取向，进而形成对这种制度的心理定式，体现为较稳定的认知、态度与情感。大学制度文化的核心应是大学成员对待大学制度的一定价值认可度。大学成员（特别是学生）依制度行事，对制度内在的价值产生心理认同，在情感上表示默认或赞成，形成对大学制度的总体看法。这种价值认同比任何道德说教方式对人的影响更深远持久和有效。这也是大学制度文化发挥作用的最佳方式。

3. 行为规范作用

道德行为是在一定的道德意识支配下所采取的各种行为，人的道德面貌最终是以其道德行为来表达和说明，它是人的道德意识的外部表现形态，是学生思想品德水平的重要标志。

隐性课程可以对学生道德行为起重要的约束作用和规范作用。大学制度是制度形态隐性德育课程的载体。大学制度作为一种外在的他律，将符合一定要求的伦理精神条例化、正规化，体现了大学对所有成员的基本要求,有助于大学生形成符合社会要求的行为规范。大学制度文化在规范学生的理性行为方面具有优先地位。学生通过感知、记忆、思考、践履这种理性行为规范的要求,进而认同、内化使之成为道德结构中的有机部分,制度从而变他律为道德自律。大学制度文化的规章设置、仪式和传统的形成都渗透着学校的道德要求与教育意志,是一个有情感色彩的具体生动的环境。因此,大学制度文化通过暗示、舆论、从众、期望等心理机制给学生造成潜在的动力与压力,对学生的行为起着重要的约束作用。

发挥大学制度文化的育人功能时,要充分考虑方法的综合性问题,克服教育过程的局限性。由于大学制度文化存在着由外及内的过程,要使大学制度文化发挥最大效能,必须关注学生的主观能动性。运用大学制度文化特别是对规章制度的执行,必须与学生思想工作相联系,在执行规章制度的过程中要关注学生思想的变化。执行某项制度的过程也是就某一针对性事件或普遍性问题,反复说理宣传的过程,争取得到学生内心的认同。将大学制度文化的动态与静态管理相结合,在动态执行过程中增进执行主体与被执行者的交往,增进理解,提高育人效率。

(二)建立考评制度:以考促教

再好的思想政治教育规划,如果不去抓落实,就会流于形式,贻误发展,长此以往,将酿成不良后果。尤其是高校主要负责人要落实抓对大学生教育的主体责任,层层压实责任,一级抓一级,级级抓落实,对不按照规划要求抓教育的具体责任人要严肃问责,对抓教育效果达不到要求的也要严肃问责。问责是最好的鞭策,动员千遍不如问责一次。这种问责是建立在某种制度基础上的,这种制度,就是如何能最好地呈现教育的过程和效果,为教育树立一个参照物,这个参照物就是考核标准,通过严格的考核标准来对标教育的过程和效果。高校要认真研究制定大学生社会责任感教育培养的考评标准,并加以落实,成立相应的考评机构,细化考核内容,加强督促指导,以考核推动工作落实。

(三)建立规章制度:提升教育工作水平

高校思想教育水平的高低,突出表现在是否贴近我国教育现行实际。

如何把以上内容融入大学生的思想教育当中,是值得高校思考的一个不容回避的问题。在大学生社会责任感培养的过程中,党和国家出台了一系列的文件、条例,推进教育的制度与规范化。

在大学生当中大力开展法治教育,提高大学生对我国宪法、法律法规的认知,并用中国的宪法、法律法规约束自己的言行,争做一个遵纪守法的优秀公民;要引导大学生做依法治国的宣传者、践行者和传播者,用自己的实际行动去教育和引导周围群众严格遵法守纪,共同促进社会风气的好转。

四、营造氛围

环境具有警示、熏陶、导向、感化与辅助作用。"三全育人"过程总是在一定的环境中进行的,良好的环境有助于学生对道德规范的认同内化,环境育人在构建高校立体化"三全育人"工作体系中发挥着不可替代的重要作用。高校应结合实际情况,与用人单位共同优化有利于学生身心健康成长的优良环境,烘托浓厚的"三全育人"氛围,不断增强育人功能,提高高校"三全育人"工作的实效性。

学校领导要高度重视,从育人的角度,加强校园物质环境的"德化建设",提高校园文化品位,努力营造精神内涵丰富、整洁、简约与高雅的校园环境。加强校园基础设施的改造,提升环境文化内涵,营造浓厚的人文气息;加大与现代产业接轨的校内实验、实训场所投资力度;增加图书馆藏书量,扩大电子阅览室的容量,完善校园网络;优化公寓配套设施;加强与当地政府及有关部门的联系,净化外部育人环境。

(一)着力提升育人"软环境"

高校要高度重视校园文化建设,突出发展精神文化和行为文化,提升学校"三全育人"文化品位,助力学生成长成才。如大力开展融思想性、知识性、趣味性于一体的,丰富多彩的校园文化活动,帮助学生提高自信心,强化人际沟通技能,理性面对荣誉与挫折;加强校风、学风与班风建设,形成积极向上的校风、进取踏实的学风与团结和谐的班风,使学生的校园生活充满价值感、满足感与幸福感,以优良的"三风"建设彰显学校的精神面貌;重视网络心理健康教育平台的建立与教育渗透,努力创设有利于学生健康成长的网络心理环境;融入行业企业文化,构建具有行业特色的校园文化体系,铸造学术氛围同实践氛围相统一的教育文化。

(二)依托党团组织形成个性教育与培养的良好氛围

高校基层党团组织对"三全育人"工作既有政治优势,也有组织优势,在"三全育人"工作中能够发挥积极的作用,育人效果显著。

第一,利用社团活动鼓励学生积极进行自主教育。道德教育是有人格的、有生命的、完整生活质量的教育。大学生社团是高等教育发展的必然结果,作为第一课堂的延伸,是充分体现学生的个性与主体性、辅助大学生成长的良好平台,承载着独特的"三全育人"功能,成为"三全育人"课程教学与"三全育人"实践活动的重要纽带,具有其他学生组织不可替代的作用。学生社团活动是大学生实现自我管理、自我教育与自我服务的重要平台,对大学生来说具有重要的教育功能,是"三全育人"得以顺利实施的重要保证。

第二,实施社团活动课程化,增强其"三全育人"效能。依据课程理念对社团活动进行科学的管理,将学生社团活动进行分类管理,实行弹性学分制,有计划地引导社团活动良性发展,发挥社团的教育性与启发性功能。社团活动课堂具有很大的自主性、灵活性、实践性,必须密切联系专业,建立在学生兴趣的基础上,使学生成为社团活动课程的主体。

第三,高度重视社团的精神文化建设,开展丰富多彩的社团活动,最大限度地挖掘社团的文化价值,积极营造良好的社团成长环境。社团成员在参加社团活动中培育了互帮互助、团结协作、坚持不懈、适应社会等精神文化品质,有助于学生思想觉悟的提高和创新精神的培养,有利于营造科学、积极向上的社团文化氛围。

第四,强化社团活动的实践性。发挥个体社会化的社会教育功能,改变过去那种搞社团活动仅仅停留在开讲座、做宣传单、发海报的做法,要将教育渗透在活动中,寓于实践中,鼓励大学生在"做"中"学",让学生在活动中快乐成长,在实践中体验生活,领悟真谛,提升能力,寻找学习的乐趣。

第三节 高等教育"三全育人"的 培养渠道与教学评价

一、发挥思想政治理论课教学的主渠道作用

高校"三全育人"途径体系的构建要正视思想政治理论课面临的挑战,以学生成长成才为目标,以学生实际需要为着眼点,实现思想政治理论课的转型与创新,增强思想政治理论课的吸引力与感染力,提高思想政治教育的针对性与实效性。

(一)更新思想政治教育理念,使思想政治理论课功能更好发挥

随着学院学分制的实施与完善,纯粹的"三全育人"教育时间会变得越来越少。因此,"三全育人"学科渗透是拓展"三全育人"空间所必需。但从目前来看,对于各专业学科中的"三全育人"渗透功能的探索还远未达到较高的科学性,主要表现为:学科与"三全育人"衔接不畅,多数专业学科教师缺乏"三全育人"自觉性,"三全育人"盲目操作或低效操作;各学科之间"三全育人"缺乏系统性,难以形成学科"三全育人"合力;学科"三全育人"操作方法牵强生硬、单一单调,乃至违背"三全育人"规律。这些问题的存在,不仅造成了"三全育人"资源的巨大浪费,而且影响了学生思想道德素质的提高。因此,我们要以此为鉴,一方面要善于运用各学科的相关内容丰富"三全育人"内涵,增强"三全育人"感染力;另一方面,要善于挖掘其他教学科目和学科中蕴藏的丰富"三全育人"资源,注重"三全育人"在高校各专业学科中的渗透。这对整合"三全育人"教育资源、发挥"三全育人"功能、拓宽高校"三全育人"途径是十分必要的。

(二)合理挖掘学科教学中的"三全育人"资源,拓宽教育领域,提高学科"三全育人"能力,优化教学途径

高校教育主要是通过各专业学科教学活动得以实现的,学科教学在高校教学活动中所占比例最大,它不但是专业知识与技能教学的主要渠道,而且是实施"三全育人"的重要渠道。我们要利用学科优势,敏锐地捕捉其中许多鲜活的职业道德教育素材,开发更为宽泛的教育内容,凡是有利于学生健康成长与综合素质提高的教育内容都应纳入"三全育人"渗透的范畴。在教学目标方面,研究学科与"三全育人"的结合点,实现智育目标与"三全育人"目标的统一,使学生在获得专业知识技能的同时,思想品德素质亦有显性变化与收益。在教学过程方面,形成专门学科逻辑与人格形成、德行养成逻辑的统一,达到德艺相长。在教学内容与载体方面,深入钻研学科教学内容,充分挖掘"三全育人"因素。"三全育人"以学科知识为载体,以学科教学过程为渠道。寓德于学、贴近专业、贴近学生、贴近实际,既保证了专业学科的系统性,又提高了"三全育人"艺术性与感染力。

(三)整合学科"三全育人"教育资源,注重"三全育人"在高校各专业学科中的渗透

"三全育人"工作者要加强与各学科教学的沟通,将"三全育人"融合在各学科教学之中,注重发挥人文科学和自然科学等课程的整合作用,使学科教育者明确"三全育人"渗透的共同任务与分科的任务;积极研究学科特点,通过合理组织和巧妙设计,积极创设"三全育人"过程中的学科情境,塑造学科角色,与学生互动完成"三全育人"任务;分解"三全育人"目标与内容,将思想道德内容渗透到学科教学与实习实训之中,弘扬核心政治观与价值观,尤其把爱岗敬业、诚实守信、办事公道、服务群众、奉献社会等职业道德内容融合到专业教学中;"三全育人"教学要根据学生专业和未来岗位需要因材施教;把思想政治教育和职业道德教育结合起来,利用学科的优势资源,实现课上与课下、校内与校外的学科"三全育人"实践

及产学研结合。生活体验、工学交替等模式无不使实践课程产生了极佳的"三全育人"效果,形成"三全育人"合力,发挥其整体功能。

(四)拓宽视野,加强"三全育人"的跨学科性与综合性

我国现有的高校以技能类与服务类的理工科专业偏多,这就要求高校的理工科"三全育人"要进一步加强"三全育人"内容的跨学科性与综合性,积极探索,使"三全育人"真正贴近学生、贴近科技文化、贴近科技实践,提高"三全育人"的有效性。学校要主动和学生家长及社会各方面加强沟通与合作,使三方教育互为补充、形成合力。"三全育人"途径的实施,需要运用一定的"三全育人"资源,学校、家庭、社会各自有着自身的"三全育人"资源优势。随着社会的进步和教育改革的不断深入,充分挖掘并利用学校、家庭与企业"三全育人"资源,形成"三全育人"合力,必然成为高校"三全育人"途径体系完善的重要趋势。

1. 契合"教育多元主体论"的教育理念,"三全育人"主体应实现多元互动

以往学校作为"三全育人"主体的地位界定明晰,业已达成共识,却与大环境融合不够,力量不足,形成了自我封闭的"三全育人"途径系统,与大"三全育人"氛围难以契合。随着校企合作和工学结合的深度发展,生产育人功能不断完善,需要赋予企业"三全育人"主体资格。除此以外,由于高校生源复杂、来源广泛,家庭教育也逐步成了实施"三全育人"的主体。确立学校、家庭与企业"三全育人"主体地位,达成"三全育人"共识,是构建立体化高校"三全育人"网络的理论依据与重要原则。

2. 实现学校、家庭、企业"三全育人"过程协调配合

三大"三全育人"主体需要整合、研究对高校学生实施"三全育人"的目标与内容、途径与方法、管理与评价。在认知与理解高校"三全育人"总目标的基础上,三方达成共识,分解"三全育人"目标,明确各自的"三全育人"任务与内容。通过宣传栏、通讯、广播电视、主题论坛、网站、博客、微博、QQ网络平台等多种形式,开展生动、互动的主题"三全育人"活动。三方及时交流沟通,总结反馈"三全育人"效果。三大"三全育人"主体的

协调配合,有时可以针对一项"三全育人"内容,从多个角度进行组合实施,有助于学生对"三全育人"的知、情、意、信、行的结合。这样会使"三全育人"的针对性更强,目的性更明确,做实学校、家庭与企业在"三全育人"观念、学生情况、"三全育人"目标、教育内容、"三全育人"方式、"三全育人"效果方面的沟通,逐步达到"三全育人"的同步协调。

3.实现学校、家庭和企业"三全育人"资源共享

学校"三全育人"资源的优势主要是通过学校文化、校园活动、教师人格、学科课程等独特的资源来实施"三全育人";家庭"三全育人"资源的优势在于通过家风建设、"合格家长,合格人才"的"双合格"家庭、感动社会的家庭典型的媒体宣传等资源来实施"三全育人";企业主要通过规章制度、企业文化、企业精神、岗位职责等资源来实施"三全育人"。针对各自的优势资源,三者可以实现资源共享、优势互补。以学校为主体,家庭和社会为辅助,形成合力,共同完成"三全育人"任务,逐步形成以学校"三全育人"资源为核心、家庭"三全育人"资源为基础、企业"三全育人"资源为依托的、立体化的"三全育人"网络。

当今,伴随着网络"三全育人"的兴起,通过局域网将学校、家庭与企业联系起来,学生也便于参与其中。这样互通"三全育人"信息,共享"三全育人"资源,使"三全育人"一体化出现新的局面,大大提高"三全育人"的影响力。

二、新时代高校"三全育人"教学评价

大学生的思想、政治、法律、品德素质是精神性的、变动性的元素,其一言一行投射出其所思所想。而且其思想道德的形成要历经知、情、意、信、行,由简单到复杂,由量变到质变的循环往复过程,即由认知产生思想、由思想支配行为、由行为改造外界,在此基础上形成新思想、新认识、新行为,进一步改造外界。因此,"三全育人"是系统工程,这就决定了必须构建"三全育人"评价体系。"三全育人"评价是"三全育人"过程中一个十分重要的环节,做好"三全育人"评价工作,对于较客观地认识"三全育

人"现象与规律,实现"三全育人"过程的优化控制,客观认识大学生真实的思想、政治、品德、个性以及行为面貌,对于"三全育人"效率的提高与"三全育人"效果的增强,都具有重要的意义。

(一)主体多元化

"三全育人"活动的评价不能忽视过程环节评价,开展对"三全育人"活动的过程评价,使单个"三全育人"活动的各个环节能够有序展开,多个"三全育人"活动之间能够有机联结,有序协调。传统"三全育人"评价主体单一,往往只有教育者,而忽略受教育者的"三全育人"感受与体验。事实上,评价主体是多元的,不仅教育者是评价的主体,受教育者也是评价的主体。每一个主体既是对他人进行"三全育人"评价的主体,也是进行自我"三全育人"评价的主体。高校人才培养目标需要"三全育人"评价体系有新突破,就必须以班主任、思想政治理论课教师、学生管理工作人员、企业人员和学生为评价主体,并以此为基础进行定期的联络沟通,针对影响学生思想道德修养的主要环节,包括平时表现、课程成绩、实践能力、心理素质的实际状况建立"三全育人"积分档案,分阶段、分学期对学生的思想表现、交流与沟通能力、日常行为、心理素质等作出评价,毕业时再对学生进行一次综合性评价,并指明其思想道德修养的不足与努力方向。

在对"三全育人"过程环节进行考核评价时,要科学合理地制定综合性的"三全育人"评价体系,多主体、多角度、多层次、多方位地对"三全育人"效果进行评估,这样才能够比较准确地反映出高校"三全育人"的实际效果。健全高校"三全育人"评价体系既是一项系统工程,又是一项非常复杂的工作。"三全育人"评价体系涉及众多因素,它需要学校、社会、家庭、企业等方面的大力支持和配合,也需要有一个循序渐进、不断完善的过程。这个体系包括学校"三全育人"评价、企业"三全育人"评价、班级"三全育人"评价和学生品德评价。在这个体系中,学生品德评价是"三全育人"评价的核心,班级"三全育人"评价是"三全育人"评价的重要内容,学校与企业"三全育人"评价则是全面衡量"三全育人"的重要手段,由此形成一个"三全育人"评价系统。发挥这个系统的功能,是促进学校"三全育人"工作整体优化的根本保证。

(二)评价内容丰富化

高校教育的培养目标,是为生产、建设、管理、服务一线培养高素质的技术技能型人才,高校"三全育人"具有职业性、实践性、复杂性与社会性的特点,与此相适应的高校"三全育人"评价的内容理应更加丰富,紧紧围绕"三全育人"目标,体现"三全育人"内容。长久以来,在社会价值观功利化的影响下,一些高校目前还不同程度地存在着重技能、轻"三全育人"的现象,像工厂生产产品一样培养学生,"三全育人"得不到应有的重视,甚至被边缘化,导致部分学生职业道德素养较差。而当今社会,用人单位主要从"宽基础、高素质、强能力、广适应"方面来选人用人,尤其要求从业人员具备较高的职业道德素养。"三全育人"教育有助于提高学生的专业技能,为学生掌握一技之长提供精神动力,更加有效地促进学生进行专业知识的学习和专业技能的训练,消除消极的、不利的因素,为学生的成长成才指明方向。这种精神动力往往是通过情感、意志,包括动机、信念、信仰、习惯、本能等非理性因素,影响着学生的身心发展,调节和控制着学生的心智模式。因此,进一步丰富评价内容,就是要在遵循公民基本道德规范与学生具体行为准则有机结合的基础上,充分考虑这些因素在学校"三全育人"中的作用,将情感、意志纳入评价内容中,制定便于学生遵守的规范要求。

(三)评价形式多样化

根据多元智力理论,人的智力包括语言、数理、空间、动觉、节奏、人际以及内省等多种智力,它们是以复杂的方式综合运作,对高校大学生"三全育人"素质的评价不应偏重于某个单项评价结果,而应该采取多样化的评价结果的体系,涉及对学生的"三全育人"课程学习情况以及学生思想、政治、品德的实践情况进行全方位的综合评价。现阶段高校"三全育人"评价形式主要有两种形式:一是"三全育人"课程的考试或考查,直接用分数对学生进行"三全育人"评价;二是班主任(或辅导员)对学生平时的行为规范做出总的评价,用一些近似雷同而枯燥的词语对学生进行"三全育人"评价。以上两种形式,无论是选择一种形式还是两种形式,都难以考量出学生的思想道德水平,各有其偏颇之处,"三全育人"课程的成绩可以衡量出学生掌握道德知识的水平,但是难以考量出学生在情感、意志与行为上的表现。一些高校运用的综合性操行评分,只是根据学生在校期间参加活动次数的多少来下结论,做出操行评价,难以体现出高校校企合作、工学结合的人才培养模式。除此以外,企业对学生的"三全育人"评价往往流于形式,学生自评与互评也难以真正发挥作为评价主体的作用。因此,整合创新高校"三全育人"评价体系,就是要彻底变革形式化的评价形式,积极拓展多样化的评价形式,将"三全育人"评价工作与"三全育人"课程、学校人才教育的各环节有机融合,从而形成过程与结果有机结合、定性评价与定量评价有机结合的多样化的"三全育人"评价形式,实现"三全育人"评价体系真正反映学生德与能的综合素质的目的。

第六章 高等教育劳动教育育人的价值逻辑

劳动教育是国家实施素质教育的重要内容,也是培养大学生劳动观念、劳动能力和养成劳动习惯的重要途径。要加强和改进新时代高校劳动教育工作,推动落实立德树人根本任务,促进大学生养成良好的思想品德和健全的人格。随着党和国家越来越重视劳动教育,并相继出台了一系列方针政策,我们更有必要分析高校劳动教育的现状,强调其重要性与必要性。

第一节 劳动教育是高等教育发展之基

高校劳动教育是全面发展教育体系的重要内容之一。它以体力劳动和脑力劳动相结合为基本特征,以提高大学生综合素质为根本目的,对大学生进行热爱劳动、热爱生产建设事业和建设社会主义的基本教育,培养大学生社会主义觉悟和吃苦耐劳、爱岗敬业的优良品质。劳动教育与立德树人有着必然联系,高等教育阶段是大学生成长劳动教育育人模式建构的基本策略研究的关键时期,也是德智体美劳全面发展的黄金阶段。高校师生要立足于社会实践,进行自我调整、自我完善。

一、劳动教育的重要性

近年来,在中央和地方政府出台的文件中,劳动教育在人才培养中所占的比重越来越大。《关于全面加强新时代大中小学劳动教育的意见》提出劳动教育是中国特色社会主义教育制度的重要内容,事关培养社会主义建设者和接班人的总目标,事关全面发展人才培养体系,事关巩固党的执政基础和国家长治久安。由此可见,高校劳动教育意义重大,是大学生实现德智体美劳全面发展的重要载体与途径。

高校劳动教育能培养大学生劳动认知和劳动创新的能力。劳动教育作为中国特色社会主义教育制度的重要内容,在很大程度上决定着大学生劳动认知、劳动能力和劳动创新的发展。

首先,高校劳动教育可以让大学生了解劳动的本质、目的和意义,让其对劳动有一个正确的认知。让大学生知道劳动是人类最基本的社会活动之一,是人类社会得以生存与发展的基本条件。大学生通过对劳动本质、目的和意义的理解,能够坚定共产主义信念,树立正确的世界观、人生观和价值观。高校通过对马克思主义劳动观、社会主义核心价值观、集体主义价值观、职业道德和职业精神等基本概念的教育,可让大学生理解劳有所得、劳有厚得、劳有幸福等人生价值。

其次,高校劳动教育可以培养大学生良好的劳动习惯与素养。大学生通过高校提供的系列劳动课与实践活动,养成良好的劳动习惯与素养,从而不断提高自身的综合能力。这主要体现在大学生能够养成热爱劳动、尊重劳动和积极参加社会实践活动等良好行为习惯,能够养成勤俭节约、艰苦奋斗、团结合作等良好品质,能够养成热爱学习、勤奋钻研、勇于创新等良好习惯。此外,高校劳动教育还能够促进大学生身体健康和心理健康发展。

高校是知识创新和技术创新的重要基地,是为国家培养高素质劳动者和专门人才的重要场所。与企业相比,高校的组织形式更灵活、教育方式更多样,很多创新成果都通过社会实践形成。因此,高校通过开展劳动教育课与实践活动,可以为大学生提供创造知识和创新技术、工艺和方法等契机,引导大学生学会运用知识、技能和方法去创造知识和工艺,从而培养他们创造发明和技术创新等方面的能力。同时,高校还可以通过开展大学生科技创新创业竞赛或研究项目等方式来提高大学生的创新思维与能力。

综上可知,高校开展劳动教育课与实践活动,能够培养大学生良好的劳动认知、劳动习惯与劳动素养,培养他们勇于创新等方面的能力。高校通过开展劳动教育课与实践活动,还可以提升大学生身体素质和心理健康水平,提升教师教学能力、教学水平及科研能力等。

高校劳动教育培养大学生正确的劳动观,有助于端正他们的劳动态度。劳动是人类生存和发展的最基本条件,也是人类社会的客观需要。劳动是促进人自由全面发展的必由之路,也是创造幸福生活、实现美好理想的根本途径。

随着生产力水平的提高和社会文明程度的提高,劳动已经成为一种独立的、有价值的活动形式和活动方式。高校劳动教育可以培养大学生形成正确的劳动观,让他们懂得劳动创造价值、劳动光荣、劳动者伟大和尊重劳动者等道理,而且劳动教育可以使大学生进一步明确自己肩负的使命与责任。在新的发展阶段下,社会转型、经济发展、科技进步、思想观念多元化等条件对大学生产生了一定程度的影响,同时也对他们的价值观提出了新要求。高校劳动教育可以帮助大学生树立正确的劳动观,从而引导他们形成正确且稳定的价值取向,培养当代大学生积极进取、勇于创新、敬业奉献、追求卓越等高尚情操。劳动教育是培育社会主义核心价值观在实践中的生动体现,可以帮助大学生树立热爱劳动、尊重劳动者、崇尚劳动创造的正确价值观。

高校劳动教育培养大学生综合劳动素养,有利于他们了解人与社会的关系。马克思指出:"就是生产劳动同智育和体育相结合,它不仅是提高社会生产的一种方法,而且是造就全面发展的人的唯一方法。"[①]劳动教育就是要通过劳动的方式,对大学生进行劳动技能教育,让大学生掌握一定的劳动技能。《关于全面加强新时代大中小学劳动教育的意见》提出教育大学生崇尚劳动、尊重劳动,懂得劳动最光荣、最美丽的道理。

此外,随着经济社会的不断发展和科学技术的不断进步,大学生也将面临越来越多新的情况。在这个过程中,高校应该注意到这种变化可能

---

① 中共中央马克思恩格斯列宁斯大林著作编译局.马克思恩格斯选集:第 2 卷[M].北京:人民出版社,2012:230.

会对大学生的知识结构和能力结构产生一定程度的冲击,因此需要通过劳动教育来应对这种情况,教育大学生主动地利用现代教育技术手段去学习新知识、新工艺,并把这些内容融入原有的知识体系中去。劳动教育不仅能够满足大学生对新知识新技术的需求,还能让他们在实践中培养综合劳动素养,从而有效提升自身创新能力和创造能力。

高校劳动教育培养大学生奉献情怀和服务意识,有益于服务社会、服务他人。在现代社会中,无论是科技创新还是社会公益活动,都离不开劳动者的劳动与奉献。高校劳动教育让大学生了解和认识到在社会主义经济建设和发展中劳动者的重要地位,了解到自身所承担的历史重任,有利于培养大学生的奉献情怀和服务意识。同时,让大学生更多地参与到志愿服务中去,有利于提高其劳动素养、促进其身心健康。

大学生属于特殊群体,受家庭影响较大,生活、学习相对独立而自由,缺乏对社会现实生活的深刻理解和切身体验。高校劳动教育不仅要引导大学生树立正确的世界观、人生观和价值观,还要引导他们参与社会公益事业,这样不仅可以培养他们的服务意识和奉献情怀,而且可以让大学生更多地了解社会生活和人生百态,在实践活动中提升劳动素养、开阔视野、增长知识、提高能力。大学生通过参与社会公益事业,提高思想觉悟,实现人生价值。

二、劳动教育的必要性

高等教育人才培养过程中,存在着长于智、疏于德、弱于体美、缺于劳的现象。高等教育改革发展始终在回答为谁培养人、培养什么人和如何培养人的问题,这一回答具有强烈的时代意识,并具有持久的生命力。培养德才兼备的高层次人才是高校的历史使命和根本职能,也是高校区别于其他社会组织的本质特征,是高校安身立命之本、生存发展之基。随着高等教育和社会经济的发展,高校的功能不断拓展,承载着人才培养、科学研究、社会服务和文化传承的使命。社会经济环境如何变化,劳动教育是实现大学生全面发展的必要条件。

新时代赋予高校劳动育人、劳动创新的时代使命,培育担当民族复兴大任的新时代大学生是必然要求。高校作为国家培养高素质人才的摇篮,担负着培养德智体美劳全面发展的社会主义建设者和接班人这一时代重任,是立德树人、五育并举不可或缺的重要部分,而"五育"中的劳动教育在学生的成长过程中扮演着重要角色,高校应该充分发挥劳动育人功能。

高校劳动教育是国民教育体系的重要内容,必须正确处理好五个关系。一是处理好与德智体美劳全面发展的关系,充分认识到劳动教育对培养大学生全面发展的重要作用,强化劳动教育在人才培养体系中的地位;二是处理好与劳动教学的关系,在教学方式方法上要充分利用高校校园和社会中的一切劳动资源开展劳动教育;三是处理好与专业教育的关系,在专业教育中渗透劳动教育,发挥好劳动教育的独特育人功能;四是处理好与大学生其他素质能力培养之间的关系,发挥好其他素质能力培养在大学生劳动教育中的辅助作用;五是处理好高校教育与社会教育、家庭教育以及其他相关方面育人渠道之间的关系,充分发挥高校在劳动教育中的主导作用。正确处理以上五个关系,需要把握好以下五个方面。

第一,劳动理念与育人功能。劳动理念是指对人之所以为人、为什么而存在与发展等问题进行思考。马克思主义劳动观认为人本身具有劳动属性和生产属性,人只有通过自觉的生产和再生产才能实现自己的本质力量,才能成为真正意义上的人。

第二,科学发展观与大学生自身发展。党和国家提出了科学发展观,不仅强调人与自然、人与人之间要和谐发展和良性互动,还特别强调以人民为中心、让人民享有更多更切实的获得感、幸福感、安全感。而高校劳动教育必须充分考虑到大学生个人全面发展的需要,在促进大学生对科学发展观认识、理解和践行等方面发挥重要作用。

第三,加强学习与提高能力。要在大中小学开设劳动课或以其他方式加强学生劳动知识技能学习和综合素质提升,提高学生从事生产活动以及参与社会服务等方面的能力。

第四,高校教育与社会教育相结合。社会教育是指个人在一定社会中接受的各种社会性教育以及各种社会化形式。通过高校、家庭和社会教育渠道,促进大学生全面发展,成为综合素质全面提高的人才。

第五,职业技术类院校劳动与其他学科类高校相结合。不同类型院校和不同学科专业的劳动内容和形式都不同,劳动教育可以使大学生在其他学科知识学习过程中能够体会到劳动者在生产生活中的重要性。

高校劳动教育是大学生终身发展的基础,贯穿高校教育始终。高校劳动教育不仅要培养大学生正确的世界观和价值观,还要培养他们热爱劳动、珍惜劳动成果的正确思想观念。培养正确的世界观就是让大学生懂得什么是崇高的理想信念和崇高的精神境界,什么是正确和高尚的品德行为。高校劳动教育以培养大学生正确的人生观为导向,教育大学生热爱生活,懂得人生艰辛,才能有更好的精神状态去迎接新时代社会发展带来的新挑战。树立正确的价值观就是让大学生积极向上,热爱生活、尊重生活、珍惜生命。

第二节　劳动教育是高等教师高水平建设之要

高校可以将劳动教育与志愿服务、勤工劳动、创新创业相结合,建立一套科学有效的劳动教育评价体系,以确保教师和大学生参与劳动教育的深度和广度,实现全员劳动教育。

一、劳动教育布局需要

高校作为培养高素质人才的主要阵地,应随着时代变化更新劳动教育的观念,创新劳动教育的内容和形式,构建劳动教育体系等。弘扬中华民族的传统美德、培养劳动情绪、教育大学生热爱劳动并尊重劳动成果,已成为时代的教育主题。

高校教师是高校培养人才、发展科技和推动社会全面发展的主体。高校要完成这些任务,关键在于加强高校劳动教育教师的培养培训,建设一支高素质的教师队伍,而提高教师素质的核心是职业道德建设,也就是师德建设。一个教师如果没有良好的职业道德,就不能完成教书育人的任务,就谈不上在教学工作中对大学生进行正确的世界观、人生观和价值观教育,甚至连基本的专业教学任务都不能完成。因此,加强教师队伍建设,最基础、最根本的是师德建设,这是保证教师完成任务的前提。

在高校劳动教育师资队伍建设中,要以劳动教育教师的培养培训为重要抓手,加强对教师的传、帮、带,打造一支师德高尚、专业基础扎实、教学实践能力强、教学效果良好的高素质劳动教育师资队伍。首先,高校要通过举办专题讲座、座谈会等方式对教师进行理论知识和实践教学的培训;其次,高校要加强教师实践能力,提升实践教学水平;最后,高校要加强教师劳动教育理论知识学习,通过系统学习促进教师向专业化发展。

在高校中,学科知识和实践教学能力是教师自身素质和教学效果的重要体现。因此,要通过组织教师开展专题讲座、座谈会等形式加强对教师理论知识的培养,使他们掌握基本理论知识,提升专业素养,从而能够根据所授课程特点和大学生实际情况选择合适的教学方法。同时,要加强高校教师的实践教学能力培养,通过系统学习、训练等方式提高其实践教学能力,使高校教师能够根据所授课程特点和大学生实际情况选择合适的实践方式。

在高校劳动教育课程中,教师不仅需要讲授理论知识,还需要具备一定的实践教学能力,才能更好地实现劳动教育目标。因此,在高校劳动教育教师队伍建设中,要以实践教学能力培养为重,重视培养劳动教育教师实践能力,不断提升教师的实践教学水平。高校要通过校企合作等方式为劳动教育教师提供丰富的实践教学机会,同时,高校要积极探索校企合作的新模式、新方法。校企合作是促进高校和企业共同发展的重要途径,也是高校实现人才培养目标的重要方式。高校和企业在培养人才方面具有优势互补的特点,通过校企合作等方式可以为高校提供更多的实习机会。此外,在实践教学过程中还可以充分发挥大学生的主观能动性和创造性。

完善高校劳动教育教师专业发展机制,制定符合实际的劳动教育教师评价体系。劳动教育教师作为劳动教育课程开发和实施的主体,其专业能力直接影响着劳动教育课程的质量和效果,因此,要建立健全高校劳动教育教师专业发展机制。

高校要制定和完善相关制度,为教师提供职后培训的机会,尤其要对新入职的教师进行岗前培训,增强教师劳动教育课程开发与实施的专业意识与能力。同时,要建立考核激励机制,将劳动教育教师专业发展情况作为评优评先的重要依据。

高校应坚持全面、客观、科学、合理原则,根据不同学科或专业特点制定符合实际的劳动教育教师评价体系。首先,在思想政治课程评价中加入劳动育人方面的内容。其次,要细化大学生参加社会实践活动中体现劳动育人情况的评价。最后,要细化对大学生创新创业项目或论文发表情况的评价。此外,还可以根据各专业特点制定不同的评价标准,同时针对不同专业的大学生还可加入专业课程教学内容质量评估等。

高校劳动教育要建立科学合理的劳动教育教师评价体系。高校应完善劳动教育课程教学效果和评价体系建设,健全对大学生参加社会实践活动情况进行评价的标准和方法。此外,要对教师实施能者上、庸者下的动态管理机制,应加强劳动教育过程性评价研究和实施,强化过程性评价在劳动教育课程体系中的运用和推广。

为了确保高校劳动教育的长远发展,需要在有条件的高校设置劳动教育相关专业,培养合格的劳动教育专业学生,毕业后将其作为专职教师补充到劳动教育教师队伍之中。现有高校劳动教育教师的专业素养难以满足需要。劳动教育是什么、教什么以及怎么教的问题,许多教师并不清楚。因此,许多高校劳动教育课程由做劳动变成了说劳动,大学生缺少动手实践、出力流汗的机会,达不到劳动教育应有的目的。还有的教师把劳动教育课上成了劳技课,这显然窄化了劳动教育的内涵。由于劳动教育教师主要由其他学科教师兼任,许多时候在劳动教育方面的专业素养养不足,所以实际的劳动教育效果难以达到预期,进而影响了劳动教育的育人功能。

高校应建立健全劳动教育教师考核激励机制。目前劳动教育的全面实施尚处于起步阶段,许多高校尚未形成对劳动教育教师工作量、工作内容、工作职责等方面的考核标准,对教师的考核存在随意性、不够科学等问题,教师工作积极性不高。高校教师是劳动教育课程实施的关键,教师评价问题会影响教师工作的积极性和稳定性,最终会对教师的专业发展产生影响,应引起高度重视。

高校应明确劳动教育教师的工作职责,使教师参与制定高校劳动教育实施方案。由于劳动教育不像其他学科那样拥有完备的实施体系,教师需要承担更多的工作职责。为了更好地落实劳动教育,高校需要结合自身条件制定实施方案,包括教育目标、课程开设、教学实施、基地场所、师资队伍、组织管理等,为劳动教育顺利实施提供重要保障。教师每年都要做好劳动教育工作计划和年终总结,提前设置劳动教育课程,总结和反思课程实施状况。

高校要规划、设计、实施教育活动。高校劳动教育教师要规划整个劳动教育课程体系,设计具体的教学活动和环节,带领大学生体验劳动过程并对他们的劳动情况进行评价。高校教师要提前规划每次活动的内容、方式,预判各种可能存在的问题,对活动可利用的资源及活动可行性进行评估。在实施劳动教育的过程中,教师要不断激励大学生参与劳动,防止有些大学生浅尝辄止,在他们遇到困难时,教师要一起想办法解决问题。在反思交流阶段,教师要鼓励大学生通过多种方式对劳动过程进行深刻反思,引导大学生表达自己的真实想法,及时纠正大学生不正确的观念,引导他们尊重劳动者。高校教师还要对大学生的劳动素养进行科学评价,使评价过程成为促进大学生观念提升的过程,帮助他们健康发展。

高校要开发利用劳动教育资源。目前,高校劳动教育还没有统一教材,面对校内外各种教育资源,如何辨别、选择、开发、利用尤为重要。高校教师要从身边的资源出发,综合大学生的个人生活、高校生活、社会生活,挖掘可以利用的劳动教育资源,为大学生创造劳动实践的机会。高校要充分挖掘大学生日常学习、生活等场所的劳动教育价值,利用闲置校舍或校园空闲区域开辟蔬菜园、花园、果园等种植场所,利用食堂、图书馆、失物招领处等为大学生提供校内劳动岗位,将劳动教育融入大学生日常活动之中。高校教师还要充分挖掘社会资源,通过组织劳动模范进校园、举办优秀毕业生报告会等活动,让大学生学习身边的普通劳动者,聆听他们的感人故事,充分领悟敬业奉献、砥砺奋进的劳动精神。

总体而言,高校劳动教育专职教师是劳动教育的主导力量、承担多种工作。各级各类高校需要综合考虑,安排适当的人员,保证各项工作顺利开展。

二、劳动教育模式要求

高校劳动教育应形成"劳动十课程"模式,即通过劳动教育课程的开发实施,培养学生热爱劳动、热爱人民的情感,增强学生的社会责任感。同时,通过课程的实施与管理,使大学生掌握劳动技能和技巧,培育劳动素养。高水平的高校劳动教育教师队伍是该教育模式必不可少的一环。

从不同年龄学段来看,大中小学劳动教育的侧重点不同,劳动教育专职教师的工作重点也各有差异。小学劳动教育主要培养小学生的劳动意识和劳动习惯,中学劳动教育主要培养中学生的劳动态度和劳动精神,大学劳动教育主要培养大学生的劳动技能和创业精神。高校劳动教育专职教师需要在劳动教育课程中讲授劳动常识,组织开展丰富多彩的校内外劳动体验活动,让大学生广泛接触各类劳动场景,进行多样化的劳动实践,掌握基本的职业技能。各级各类高校需要根据学段和专业特点培养劳动教育专职教师。

劳动教育专职教师是新时代下高校劳动教育育人的新要求,是未来的高素质劳动者的培育者,"劳动课程"的模式要求高校教师具备更高的能力。第一,高校劳动教育教师应掌握专业知识的能力,包括课程开发与实施的基本技能,教学设计与管理、实施评估等能力。第二,高校劳动教育教师要掌握通用能力,包括问题解决能力、创新意识与实践操作等。所以,高校劳动教育教师不仅要熟悉劳动教育目标、课程体系和实施方案等理论层面的内容,还要熟悉学科教学法、教育学、心理学等方面的相关知识,做到有丰富专业知识储备和跨学科知识、跨学科研究实践能力等。这样才能完成课程开发与实施工作,对于劳动教育教师的专业发展也需要形成系统规划和组织管理,这就要求教师要从多方面入手。

高校劳动教育教师的职责是传授劳动知识和劳动技能,高校劳动教育本质上就是一个授人以渔的过程。高校在劳动教育课程开发中,必须高度重视劳动知识传授和劳动技能传授。高校必须从新时代教师专业素养的角度,重新认识劳动教育教师的角色。

高校劳动教育教师的核心素养是具备较高的专业知识水平和教育教学能力。首先,要掌握和运用有关劳动教育方面的政策法规,具备一定的理论素养。劳动教育是一项重要的教育活动,具有鲜明的思想性和时代性。教师应该掌握关于劳动教育的政策法规、相关规定、专业知识,以满足不同类型学生劳动素养培育的需要。其次,要掌握基本的专业知识和技能。由于劳动教育具有很强的实践性,对教师专业能力要求更高。作为劳动教育课程的设计者和开发者,教师需要掌握课程设计相关知识,具备课程开发能力,以及具有一定的教学实践经验和反思能力。作为劳动教育教学管理人员,需要掌握劳动教育相关理论知识与技能。最后,要具备一定的思想政治素质和职业道德水平。劳动教育是一项德性工程,需要教师具有高尚的职业操守、崇高的职业理想和强烈的职业责任感。

高校劳动教育教师的角色定位是大学生学习活动的组织者和引导者,是大学生专业发展的支持者,是大学生劳动活动的支持者和促进者。劳动教育课程要与教学整合,因而高校劳动教育教师也需要在此基础上进行拓展,在这一过程中需要关注大学生的学习方式转变。以往对教师角色定位的理解大多是按照学科教学中传授、灌输、接受这三种方式。而实际上,这三种方式存在着一些不足,在传授知识时,容易使大学生形成思维定式,忽略大学生的主动思考。在灌输知识时,容易忽视学生已有的知识基础。而在接受知识时,容易造成大学生被动接受的局面。高校劳动教育课程有着倡导问题式教学、项目式教学等一系列教学方式,这对高校劳动教育教师提出了更高的要求。

高校劳动教育教师需加强专业学习,全面提高劳动教学能力。新时代劳动教育的重要地位决定了高水平劳动教育教师队伍建设的重要性。一是通过课程开发和实施,培养大学生的劳动素养。高水平的劳动教育教师能够开发课程,引领大学生走向未来。二是通过教学能力培养,使大学生掌握劳动技能和技巧。高水平的劳动教育教师是培育大学生劳动素养的重要力量。三是通过课程管理与实施,培养大学生的组织与管理能力。

高素质劳动教育教师团队需要完善师资队伍建设,充分发挥团队作用。高素质的劳动教育教师团队是实现"劳动十课程"模式的关键,是"劳动十课程"模式取得成功的保障。当前,高校在开展劳动教育时,除了聘请校外专业人员参与外,还充分利用学校现有教师资源。由高校领导班子成员、思政课教师、辅导员等共同组成教师团队,采用师徒配对的形式,为高校劳动教育教师提供全方位指导。通过集体备课、授课交流等方式,为高校劳动教育教师提供平台,促进他们快速成长。团队中要形成既有经验丰富、专业扎实的老教师,又有充满活力、技能精湛的年轻教师的互补态势。老教师利用自身专业优势和丰富的教学经验对年轻教师进行指导,帮助他们尽快熟悉劳动课程的教学内容;年轻教师向老教师学习劳动课程开发的基本理念和方法,实现新老相结合。

教师是教育发展的第一资源,高校教师队伍建设是推进高校劳动教育高质量实施的关键。高校劳动教育教师的整体水平,决定着高校劳动教育的发展质量。高校要在实际工作中加强劳动教育教师队伍建设,不断优化教师队伍结构,还要充分发挥好老教师、特级教师等骨干的作用,鼓励支持他们积极参与到劳动课程建设中来。同时,还要以大学生发展为本,将劳动素养作为大学生毕业评价的重要指标。高校要真正落实立德树人根本任务,培养德智体美劳全面发展的社会主义建设者和接班人。

三、劳动教育教学要求

劳动教育是中国特色社会主义教育制度的重要内容,是全面发展教育体系的重要组成部分,是高校必须落实的培养社会主义建设者和接班人的重要任务。劳动教育是国民教育体系和高校劳动课程的重要内容,是大学生成长发展的必要途径。高校劳动教育是全面贯彻党的教育方针、落实立德树人根本任务、培养大学生担当民族复兴大任的内在要求。

高校劳动教育是要把劳动教育同日常生活紧密结合起来,以体力劳动为主,还要密切联系大学生的生活实际,对他们进行热爱劳动的教育。在内容选择上要体现大学生认知水平发展特点,用生动活泼的教学手段强化课堂教学效果,增强大学生对劳动、职业、岗位的体验和理解。

高校劳动教育要坚持以劳立德、以劳益智、以劳强体、以劳育美的原则。在日常生活劳动中,加强社会主义核心价值观教育,结合大学生思想实际,引导他们树立热爱劳动、崇尚劳动的思想品德;在生产劳动中,培养大学生吃苦耐劳、精益求精的品格;在服务性劳动中,帮助大学生形成热爱学习、勤于动手的良好习惯,锻炼团队协作能力。让大学生从劳动中发现问题并动手解决问题,在生产实践中获得真才实学、掌握技能技巧。同时,合理的劳动有利于增强大学生的身体素质,帮助他们树立健康第一的意识,养成良好的体育锻炼习惯和卫生习惯,具有良好的身心状态。

在开展劳动教育课程时,教师应注意教学内容要符合课程标准要求且适合大学生专业特点并兼顾性别差异;教学方法要有利于调动大学生参与劳动教育的积极性;教学素材要根据劳动教育主题内容选择,遵循学科课程的科学设计与实施原则;教育主题活动要根据不同高校的特点来进行设计和实践。

高校劳动教育教师既要通过教育,让大学生懂得劳动光荣、劳动创造伟大的道理,也要让大学生在参加劳动的过程中,逐步树立正确的劳动观念和良好的劳动习惯,养成热爱劳动的优秀品质。以实践体验为核心,在具体的劳动实践中,培养大学生良好的劳动态度、习惯和品质。劳动教育教师积极鼓励大学生参与义务劳动、公益劳动和校园保洁等活动,培养他们吃苦耐劳、艰苦奋斗的精神。各高校要结合自身实际制定实施方案,开展形式多样的劳动教育活动,将其纳入高校教育教学计划中,让每个大学生都参与到其中,充分利用校内外各种资源开展实践活动,通过日常生活管理和规范行为训练强化劳动观念。

高校劳动教育教师要根据大学生特点和学习需要,为大学生安排力所能及的学习任务和工作任务,组织参加力所能及的家务劳动、公益活动,体验集体生活方式。劳动课要以大学生全面发展和健康成长为本,根据新时代高校劳动教育的内容、要求和课程目标,合理安排学习任务,注重与学科教学有机融合,注重结合实际开展劳动实践。要以大学生生活为主线开展教学,确定好每个年级各学段的劳动课主题内容及时间安排,每年级每周至少安排一次劳动课,可根据实际情况适当调整。应设置一定比例的劳动课程作业,纳入课堂教学内容,可采取实践操作、职业考察、社会调查等方式进行。

高校要开展劳动教育研究工作,加强高校与科研院所及企业、职业院校合作共建。针对国家大中小学劳动课程设置特点与实施要求,组织骨干教师对"五育并举""五育融合"中的教育教学模式、教学方法进行系统研究并将成果运用于日常教学实践中。

高校劳动教育要建立激励机制,在教学管理、教师考核、质量评价等方面实施多种措施进行激励。教学管理方面,要建立劳动教育课程教师教学评价机制,根据大学生参与劳动实践情况,在备课、教学、作业批改、听课评价等方面给予教师合理的评价激励。教师考核方面,要建立以过程性评价为主体,以结果性评价为补充的多维度考核体系,包括大学生日常表现、学习态度、实践活动效果等方面。质量评价方面,高校要制定劳动教育质量标准,构建科学合理的大学生劳动素养评价指标体系,采用多种形式对大学生参与劳动教育情况进行客观记录和科学分析,将大学生参加劳动实践活动的过程和结果相结合。在学习成果展示方面,高校要将劳动教育纳入学分管理,把参与实践活动的大学生学习成果纳入综合素质评价体系,并作为衡量大学生全面发展状况的重要指标。高校应组织开展教师教学科研能手、优秀教学案例等评选工作,对优秀者予以表彰奖励。

第三节　劳动教育是大学生综合素质强化之需

高校劳动教育可完善全面发展教育的功能,强化新时代大学生的综合素质,塑造他们美好的精神品质,强健他们健康的体魄,从而使他们劳动教育育人模式建构的基本策略研究能够热爱劳动、积极劳动。高校劳动教育将间接经验与直接经验结合起来、将理论知识和劳动能力结合起来,构建劳动教育课程体系,打造显性与隐性课程协同育人模式。结合高校劳动教育理论与实践性相统一的本质要求,激发大学生在实践中不断提升对事物的理解、认识和创造。

一、劳动教育塑造品质

实现大学生自由全面发展,"五育并举"是高校劳动教育重要一环。随着经济社会的发展,劳动教育的时代内涵更加丰富。因此,要准确把握高校劳动教育的新要求。当前中国正处于实现中华民族伟大复兴的关键时期,需要全面加强高校劳动教育,为培养德智体美劳全面发展的社会主义建设者和接班人提供更加充足的资源与条件保障。

高校劳动教育有利于进一步弘扬"三劳"精神。其中工匠精神是指劳动者秉承精益求精的理念,秉承专注、创新、细致、严谨的精神,按照规范的程序,一丝不苟地完成一件产品。工匠精神是衡量劳动者素质高低的一个重要标志,工匠精神的培养有利于提高劳动者职业素养和职业能力,从而提升劳动效率。它体现了劳动者在生产过程中遵守职业道德与社会规范。劳模精神、劳动精神、工匠精神是鼓舞全党全国各族人民风雨无阻、勇敢前进的强大精神动力。

高校劳动教育要在实践中培养大学生艰苦奋斗、吃苦耐劳的意志品质,在实践中塑造大学生吃苦耐劳、团结协作的精神品质,提高其对劳动的认识,使其形成尊重劳动、崇尚劳动的正确价值观。让大学生树立正确的劳动观,做新时代积极进取、踏实肯干、勇于创新的劳动者。高校要让大学生从小处入手,把劳动作为生活方式、生存技能和人生态度。

高校要完善劳动教育评价体系,将劳动素养纳入大学生综合素质评价体系,引导大学生养成良好的劳动习惯和行为习惯。在当下的教育评价体系中,往往忽视大学生在劳动过程中的学习、表现,更多地只重视结果而非过程。要想真正落实好劳动教育要求,必须改变这种现状。评价指标既要相对稳定,又要与时俱进;既要有劳动知识与技能、劳动制度、经费投入等客观指标,又要有劳动素养、劳动观等定性指标。事实上,只有不断完善评价体系,才能将大学生在劳动过程中所表现出来的各种品质与能力进行合理评价。如果仅仅注重结果而忽视了过程的话,那么整个劳动教育效果将大打折扣。除此之外,还必须完善高校、家庭以及社会联动的工作机制,尤其是要帮助大学生树立正确的劳动观念、养成良好的行为习惯,强化对大学生劳动品质与技能培养的同时,劳动教育育人模式建构的基本策略研究还要不断为他们提供物质与精神的双重支持。在具体实施过程中必须结合大学生的特点制定出针对性强、便于操作、具有激励性效果的评价方案,以及引导大学生养成良好行为习惯的措施和办法,真正将劳动教育落到实处。

高校要把劳动教育纳入人才培养全过程、融入各学科各环节是中国人才培养的重要特色,是大学生核心素养培育和全面发展的需要。可以说,加强高校劳动教育对于培育大学生正确的劳动观、提高他们动手实践能力、增强他们综合素质具有重要意义。新时代下加强高校劳动教育还需从国家层面、家庭层面与社会层面协同发力,为每一名大学生塑造良好品质奠定坚实基础。

二、劳动教育强化价值

劳动是人类最伟大的发明,也是社会进步的根本动力。在德智体美劳全面发展的基础上,高校劳动教育培养大学生成为能劳动、能生活、能创造的人。劳动是财富之父,也是价值之父,人类因劳动而伟大、因付出而美好等观点和论述,都深刻揭示了劳动教育的本质特征和发展方向。

高校劳动教育要在各学科中渗透劳动教育知识、内容和方法,引导大学生在日常生活中体验和感悟劳动的价值。同时,充分利用校内外资源,组织大学生开展校内外社会实践活动。劳动是人类社会所特有的现象,人类社会中一切社会活动都可以理解为在一定物质资料生产过程中不断进行价值交换和传递等一系列活动,并为其创造价值和实现价值,这就是劳动的独特价值之处。高校劳动教育实践要在坚持社会主义办学方向的前提下,始终强调以劳树德、以劳增智、以劳强体、以劳育美,其最终目标在于促进大学生成长为具有正确劳动观和良好劳动习惯的人。

人的品德和思想道德是息息相关的,品德离不开劳动实践。劳动本身是一个极为复杂的过程,不同年龄阶段有着不同特点,在社会发展进程中其影响也具有一定局限性。劳动创造价值、创造精神财富,这是对劳动的基本评价。德育并不能代替劳动实践活动,相反它只是为形成正确劳动观服务的,德育工作必须以劳动为基础、为保障和前提。社会在不断发展的过程中出现了许多新事物和新现象,从某种意义上讲这些都是德性之基而非德性之用。高校教育实践中强调劳德并重、知行统一等一系列原则,有助于提升大学生对品德评价与形成过程、方法、内容等方面了解程度和掌握水平,同时也有助于增强大学生对道德要求和价值规范的理解程度。劳德双全应包括两个层面:一是德在个人内心深处迸发出来的内在情感驱动或道德调节作用下形成的一定行为方式,二是通过具体行动去实现自我价值并完成道德内化与外化的双重过程。高校应加强对大学生进行道德教育方面的内容教育和指导,帮助大学生树立正确的价值导向的观念和意识。

劳动既是社会财富创造活动,又是大学生进行智力开发、创新意识培养的动力源泉。从现代教育理念看,脑力劳动在人社会化的过程中发挥着重要作用,要提高大学生智力水平就必须从多方面加强锻炼和培养学生思考问题、解决问题和创新的能力。

高校教育一直强调要把大学生体育锻炼放在突出位置,坚持健康第一的教育理念。注重高校劳动教育和体育锻炼之间的协同配合,强化劳动教育对大学生身心健康、体魄强健、意志坚强等方面的促进作用。在劳动教育与体育锻炼相结合的过程中教师示范指导、同伴互助影响以及家校协同配合等方式,积极引导大学生参与体育锻炼和劳动,使大学生在劳动过程中达到强身健体的目的。

高校劳动教育要使大学生掌握必要的知识技能提高劳动能力和创造力。而这种能力又是与审美能力结合发展的。劳动教育作为一种再创造高校劳动教育育人模式建构的基本策略研究活动,本身就具有较强象征意义和艺术感染力。高校劳动教育作为思想道德教育和审美教育的重要组成部分,其最终目的是培养大学生的劳动意识,使他们具有积极的劳动态度,并具备一定的劳动技能。当前部分高校存在着重视智育而轻视德育与劳育的问题,以分数为主要衡量标准,德育在一些高校处于被边缘化地位。一些大学生认为只有读书好,参加各种比赛才算优秀,导致他们养成了只爱学习不爱劳动等不良习惯。大学时期是人生中最为重要的黄金时期,因此在重视品德教育的同时要加强大学生劳动意识教育。高校劳动教育可以从以下六点入手:

第一,规范大学生劳动行为。高校要着力拓展社会实践活动,鼓励学生利用寒暑假开展社会实践活动;要着力发挥家庭在孩子成长中的重要作用,培养学生尊重劳动成果、热爱生活的良好品质。因此,高校应在日常教学中坚持培养大学生正确的世界观和人生观,形成正确的价值观和劳动观,从而规范自己乃至他人的行为准则。

第二,规范大学生劳动时间。高校劳动时间要合理,不宜太长,大学生可以适当做一些力所能及的体力活,让大学生亲身体验一下劳动的快乐,体会到劳动是一件很光荣的事情,通过在课堂上示范然后让他们在教室里实际操作以达到教学目的。

第三,加强课堂教学和对大学生劳动习惯的培养。劳动教育是高校教育中一个重要的组成部分,同时也是一个重要的课堂内容,而其中劳动习惯是一个重要的方面。

第四,提升大学生劳动素养。劳动素养是大学生综合素质中的核心要素之一,是大学生职业生涯发展所需的重要能力。培养大学生的劳动素养有利于他们适应社会,发展所需要的必备技能、关键能力。从教育观念来讲,劳动既是素质教育中不可缺少的组成部分,也是人不可推卸的责任。它不仅是人成长过程中不可或缺的教育内容,而且对于培养社会主义建设者和接班人具有重要意义。

第五,培养大学生树立正确的劳动观念,形成良好的劳动习惯和品质。因此高校要加大劳动教育工作的力度,培养大学生树立正确的劳动价值观,帮助他们认识到劳动的重要性,为他们今后走上社会奠定基础。只有让大学生积极地参加形式多样、内容丰富的劳动实践活动,才能培养他们正确的劳动观。良好的劳动习惯和品质是劳动教育的重要内容。大学生拥有良好的劳动品质,才能在社会上立足;具备良好的劳动习惯,才能让大学生人生变得更美好。良好的劳动习惯和品质不仅对个人成长起着重要作用,还能增强人的精神力量。

第六,让大学生掌握一定的劳动知识和技能。随着现代科技的发展,许多行业已经步入数字化、智能化阶段。大学生如果没有掌握现代科学技术知识、工艺技能和方法技巧,将无法适应市场的要求。因此掌握一定的劳动知识和技能是十分必要和重要的。

当前,高校劳动教育面临着多重挑战,需要强化价值引领、丰富实践载体、完善保障机制。深化对劳动教育价值意蕴的认识,既要强调以人为中心的思想、全过程育人理念、劳动观等现代价值理念,更要着眼于新时代中国特色社会主义建设事业、新发展格局构建、高质量发展要求和全社会对美好生活的向往。

三、劳动教育激发创造

高校劳动教育强化创新创业实践,激发创新精神。创新是新时代大学生的内生动力,创新创业重在培养大学生的创新精神、创造能力和创新人格。劳动是满足个人需要的现实手段,在劳动的过程中,人们不断提出新的需要,不断要求生产力发展,不断要求生产关系做出调整乃至变革,这一切都在客观上推动了社会的发展。劳动是人的劳动,人是现实劳动的人,劳动与人是不可分割的统一体,因此,社会的发展归根结底要靠劳动,要靠劳动者。

以劳促创是指通过高校劳动教育,培养大学生的创造性劳动能力。高校要大力支持创新创业活动,注重培养大学生的创新意识、创业精神和创新创业能力,鼓励大学生自主选择课程内容和学习方式。这既是对劳动教育重要作用的高度概括,也是对其实施路径的精准定位。创新能力与实践能力紧密相关,实践能力需要不断提升才能获得持续发展。在实践中学习是培养创造性劳动能力的重要途径,只有在实践中不断发现问题、解决问题,才能在实践中实现自我价值。

劳动教育在培养大学生科学精神方面具有无可替代的作用,劳动实践是提高认识能力和解决实际问题能力以及创新思维能力的重要途径。增强大学生的社会责任感和创新精神,有利于增强大学生动手能力、培养他们独立生活能力和创新思维。劳动是财富之母、幸福之源,劳动创造世界、劳动创造未来,劳动作为教育的重要内容,是马克思主义劳动观和劳动价值观在教育上的重要体现,尤其是在新中国成立以来,劳动教育为高校的创新发展提供了重要指导。

科学精神实质上就是一种理性思维方式、价值取向和社会理想,劳动教育与科学精神相得益彰。科学精神强调尊重客观事实和规律,它的基本特征是实事求是、探索创新和追求真理。科学家在长期从事科研工作中形成了优良传统,其中最核心的方面之一就是尊重劳动,而这种宝贵的品质正是今天科学精神的重要内涵之一。从劳动教育内涵看,劳动教育与科学精神内涵很相近,充分说明了劳动教育与科学精神二者之间密切关联,劳动教育与科学精神相辅相成。科技创新与劳动创造紧密相连,科技创新离不开人才支撑。

培养创新人才是高校劳动教育的出发点和落脚点。高校劳动教育可以使大学生获得实际生存技能和从事生产建设所必需的技术知识与技能,从而使他们成为具有一定实践经验和创造能力的人,也可以培养大学生自由地联合起来从事社会改造,并对一切美好事物进行积极创造,还可以使他们通过参与生产劳动、服务劳动与创造性活动来培养自己作为劳动者的素质,从而促进自身全面发展与社会全面进步。

人是一切技术和财富创造的源泉,任何时候都离不开人才支撑,而人才离不开劳动教育与实践锻炼。在实践中发现问题、推动工作才能促进知识学习和技能掌握、思维能力提升和综合素质提高,也只有这样才能不断提高人们的专业技术水平和职业素养,才能创造更多的物质财富和精神财富。

第七章　高等教育心理育人的价值实现

第一节　高等教育心理育人的独特价值

一、高等教育心理育人在立德树人中的重要性

心理育人作为高校思想政治教育工作的"十大育人"体系之一,在高校立德树人体系中占有重要地位。以"立德树人"为中心环节的育人战略思想,形成全方位、多维度的"大思政"育人新格局,这是从国家战略层面对高校思想政治教育做出的顶层设计,心理育人在高校立德树人体系中发挥着基础性作用,为大学生健康成长和全面发展提供基础性保障。

(一)心理育人在德育中的作用

高校心理育人在德育中不断获得发展和完善,它在德育中的作用已经过实践的检验,在实践中已经积累丰富的成果,发挥着"以心养德"的重要作用。

1.心理育人奠定大学生接受德育的心理基础

高校心理育人有利于奠定大学生接受德育的心理基础。思想道德形成和发展的过程离不开个体的自我意识、情感、意志、性格等心理过程,需要通过一系列的心理调节来完成,思想道德素质发展还要以良好的心理素质为前提,这些都离不开心理育人的参与。

第一,塑造大学生的思想道德认知,促进大学生对思想道德的认同。心理育人有利于帮助大学生形成正确思想道德认知,发挥认知心理因素在思想道德形成中的作用。让思想道德知识和理念能够以正确的认知方式更好地进入大学生的认知系统,经过选择、加工、分析、记忆和思维等一

系列信息加工的过程,转化为大学生内在知识结构的组成部分,促进知识从感性认识上升到理性层面,提升大学生的思想道德和政治觉悟水平,并促使这些思想观念真正"内化于心",从根本上引领大学生往正确的成长方向发展。

第二,培养大学生的道德情感,促进大学生健康道德情感的养成。情感因素渗透于大学生思想道德生成的整个过程,对大学生思想道德的接受、选择、分析和整合都产生重要的影响。心理育人有利于帮助大学生依据相关的道德准则形成对各种思想理论和道德现象的感受、情绪、态度和立场,产生爱国主义、集体主义、正义感、憎恶、信任、感恩、同情、社会归属感等持久而稳定的道德情感体验;有利于在心理育人中引导大学生以积极乐观的情绪和态度面对改革进程中所遇到的各种困难和挫折,以乐观心态面对周围的人和事,培养健康的社会情感,让大学生在复杂的形势面前坚定对国家发展的信心,形成较好的情绪调节能力,从而促进大学生形成积极的道德情感和高尚的道德情操。

第三,坚定大学生的理想信念,促进大学生理想信念的形成。在心理育人过程中帮助大学生形成符合新时代社会发展所要求的心态、思想和价值理念,从内心坚定对中国特色社会主义共同理想与共产主义远大理想的信念,形成对改革开放和社会主义现代化建设事业的坚定不移的态度,以良好的心理和精神状态投身社会实践中。理想信念是一种对未来社会和自身发展的向往与执着的追求,引领大学生人生的方向,它是一个涵盖动机、态度、情感、意志和行为等各种复杂心理要素,从大学生的接受态度、动机、情绪、情感、人格等微观心理因素入手,把握和调控大学生理想信念形成的过程;对大学生在理想信念形成过程中可能存在的心理困惑和矛盾给予积极的引导,端正大学生对理想信念的态度;帮助大学生形成正确的思想观念、行为模式和价值理念,以健康心态筑牢大学生理想信念的心理基础。

第四,规范大学生的道德行为,促进大学生道德行为的践行。健康良好的心理为大学生践行道德行为提供重要的保障,而个体是否形成良好的思想道德品质最终要以行为习惯的方式呈现出来,形成与个体思想品德相关的、稳定的心理和行为特征,健康的心理对人的品德行为的外化和巩固起着关键性作用①,通过心理育人中的榜样示范和正向强化塑造大学生的积极行为,帮助大学生形成正确的行为习惯,践行积极的社会行为,让大学生的非理性或不健康的行为趋向理性和健康,助推大学生形成谦让、帮助、合作、援助、救济乃至奉献等亲社会行为,更好地激励大学生践行良好的道德行为。

2.心理育人有利于提升德育的亲和力

心理育人对德育发展具有重要促进作用,它不仅丰富了德育的内容,为德育内容注入新的活力,心理育人中的心理学原理和方法也可以运用到德育中,为教育者更深刻地理解大学生的心理和思想世界以及外在的行为表现提供新的视角,使德育工作更契合大学生的心理需求,在一定程度上拓展现有德育的方法,提升德育的亲和力和针对性,从而提升德育的质量。在传统的德育中,存在着重理论教育,轻体验式教育;重群体教育,轻分类引导教育和个性差异教育;重说教灌输轻关怀疏导等现象。心理育人作为一种育人方式比起德育更具有方法上的感染力。它自始至终坚持心理疏导和人文关怀的价值理念,用心理学原理和方法去育人,改变了传统德育中灌输的方式,注重尊重个人心理差异,因人而异地开展对学生的心理帮扶;注重激发个人主体作用发挥,以互动体验式的方式开展心理育人,从内心真正打动学生,把德育工作做到学生的"心坎"上。同时,它具有方法上的渗透性和隐蔽性,从心理层面对大学生潜移默化地引导和渗透,对个体的影响将更深刻和更持久。在心理咨询、心理健康教育课程教学等环节中渗透德育的内容,润物细无声地影响着大学生的价值观。因此,心理育人更具有方法上的隐蔽性、感染力和渗透性,为大学生提供精准的个性化服务,更容易拉近与大学生之间的心理距离,引发大学生的心理共鸣,大大提高德育的亲和力。

---

① 马建青.高校心理健康教育与思想政治教育结合 30 年的研究[M].杭州:浙江大学出版社,2019:145.

3.心理育人有利于提高德育的实效性

心理育人有利于提高德育的实效性。德育是否能够最终取得积极成效,在很大程度上取决于大学生是否拥有良好的心理状态以及积极的心理品质等。健康的心理对维护大学生思想道德素质的稳定具有重要作用,心理困惑或心理问题更容易引发大学生产生理想信念淡化、责任感弱化和社会融入动力不足等思想和行为问题,在一定程度上弱化了德育的效果。严重心理问题或心理障碍者还有可能导致严重的心理危机事件,给高校的安全稳定造成极大的挑战。相反,积极心理品质和心理健康素质有利于促进大学生良好品德的形成和发展,拥有积极乐观的心态、坚定的意志品质,树立远大理想信念的大学生更能展现出高尚的道德品质,对德育起到增效的作用。同时,心理育人还能在把握大学生心理发展特点、心理需求和心理发展规律的基础上,从心理学视角更好去理解和发现大学生思想道德问题和行为背后的深层次的心理因素,把心理学的策略与方法运用到德育中,为大学生提供更精准的德育,这都将大幅地提升德育的实效性。

(二)心理育人在智育中的作用

智育是开发智力的教育,是一种文化科学知识的教育,是大学生全面发展教育的重要构成。智育是系统地向学生传授现代化科学知识和技能的教育活动,旨在提高学生的科学文化水平,发展学生的创造性思维、勇于探索精神以及兴趣和才能等。

1.提高大学生的心理健康水平,奠定学习的心理基础

当代大学生有较强的求知欲望和学习能力,但若因心理脆弱、情绪波动或严重心理问题困扰而影响学习效果,甚至放弃学业,就无法成长为社会主义现代化建设所需要的人才。从实践论的观点看,大学生在接受教育的过程中掌握科学知识,是实现认识发展过程从感性认识上升到理性认识的飞跃,提高自己认识世界和改造世界的能力,在这个过程中,心理因素将发挥着巨大的作用。增强专业本领是智力活动的体现,需要以良好的心理健康状态为基础,没有健康的心理状态,一切智育活动将无从谈

起。心理健康意味着个体有稳定健康的情绪,积极向上的情感和乐观向上的动力;有良好的自我意识,能够对自己能力做出恰当的评价,更好地适应环境变化等,这些因素将会对学生的学习产生重要的影响。

2.激发大学生的学习动力,获得学习的内在动力

心理育人有利于激发大学生学习和探求真理的热情,帮助大学生树立正确的学习动机,端正大学生的学习态度。当代大学生面临的重要和艰巨任务是实现中华民族伟大复兴的中国梦,教育者要引导大学生从实现中华民族伟大复兴中国梦的高度去激发自己学习的内在动力。大学生不仅要从课堂的学习中掌握学科知识和专业技能,还应在社会实践大课堂中去拓宽知识学习面,掌握过硬的实操本领,教师要引导大学生把学习热情与家国情怀联系起来,引导大学生树立"为中华之崛起而读书"的伟大志向和抱负,从心理角度激发大学生的成就动机,形成内在的学习动力,推动大学生更有效地学习。

3.挖掘大学生的学习兴趣,掌握良好的学习策略

智育活动包含个体的感知、记忆、思维、想象等心理活动过程,知识或技能的获得更离不开个体的需要、动机、兴趣、态度等个性心理的发展。在心理育人过程中,引导大学生做积极的自我探索,分析自己的优势和不足,找到自己的学习兴趣和爱好;激发大学生对事物的好奇心、热情和探索精神,把对学习的兴趣与自己的专业和未来职业选择联系起来,与国家和社会发展的需要结合起来。同时,引导大学生掌握良好的学习策略。心理育人有利于帮助大学生提高观察力、记忆力、思维力、注意力,训练学生形成敏锐的观察力,准确的记忆力,丰富的想象力以及稳定的注意力,为学习奠定良好的基础。在培养大学生学习兴趣基础上,帮助大学生掌握有效学习方法和策略,养成良好的学习习惯,从而更好地促进大学生知识与技能的学习。

4.培养大学生的创新思维,提升大学生的创新能力

创新意识和创造精神是新时代大学生必须具备的品质。创新是民族进步的灵魂,是一个国家兴旺发达的不竭源泉,也是中华民族最深沉的民

族禀。当代大学生要有强烈的创新意识,创新是大学生应该具备的品质。心理育人可为大学生的创新创造思维的培养和发展提供指导,运用心理学思维训练的方法训练大学生的创造性思维。同时,注重对大学生创造性人格的培养和创新意识的引导,让大学生能够保持足够的好奇心,鼓励个体独立思考,形成创新意识,运用到具体的学习和工作实践中去。

(三)心理育人在体育中的作用

落实立德树人根本任务就必须坚持"健康第一"的教育理念,健康不仅关系个人的生存和发展,反映一个国家人民整体的身心素质,而且关系到国家和民族的生存与发展。体育实际上包含了学校日常体育教育、各种竞技类运动和身体锻炼,心理育人对体育的价值体现在对大学生身体健康以及体育教育促进上,发挥出"以心强体"的作用。

1. 提升大学生的心理健康素质,增强个体的身体机能

体育的最终目的是提升个体的身体健康水平,人的生理健康和心理健康是统一的,心理健康会对生理健康产生影响,身体健康是个体从事一切学习和实践活动的基础条件。心理对身体健康具有重要的影响,相当多身体疾病与负性心理状态有着密切关联,过多的负面情绪将严重影响身体健康。心理育人将通过提高大学生心理健康水平,增强大学生的心理素质从而在一定程度上改善个体身体机能,提高身体健康水平。

2. 加强对大学生的心理引导,提高体育的教学效果

近年来,大学生体质下降与缺乏体育锻炼密切相关。相当部分的大学生对体育运动缺乏兴趣,存在较多的畏难情绪和懒惰心理,对体育的种种不良心态急需引导。事实上,从促进大学生强健体格到塑造人格,从掌握运动技能到有机会成为竞技体育后备人才,在其中心理因素发挥着重要的作用。心理育人中培养大学生形成自尊自信、勇敢顽强、积极进取、超越自我、诚信自律以及相互尊重、团队合作的积极心理品质,大学生把这些优良的品质运用到平时的体育锻炼中,将对体育教育效果的提升起到重要的作用。心理育人有利于从心理层面引导大学生增强对体育的兴趣和爱好,以积极的热情投入体育锻炼中;帮助大学生克服体育运动中的

畏难和退缩情绪,让大学生以坚强的意志力参与体育运动;促进大学生在运动过程中保持良好的心理状态;对于在体育中出现的不良心态给予有效的干预和引导,这都有助于大学生更好地掌握运动技能,增强日常身体锻炼意识,促进体育教学效果的提升。

3.心理育人活动形式融入体育,提升体育教学趣味性

心理育人中的团体辅导的理念以及素质拓展训练的方法可以有机融入体育教学中,让大学生体验到体育的趣味性。团体心理辅导活动中一些趣味性、合作性或素质拓展挑战性的游戏,不仅可用于放松学生的身心,还可以增强和改善学生的体质,在活动中提升学生的身体素质,其作为一种重要的运动训练方式,对体育教学起到较好的辅助作用。大学生素质拓展活动中通过游戏设计锻炼学生的体能,培养学生的意志力、耐力和抗挫折能力。因此,要结合大学生心理发展规律和心理需求,设计个性化的体育教学方式,把心理育人中的理念和方法渗透到体育中,提高体育的实效性和趣味性。

(四)心理育人在美育中的作用

美育是一种培养人认识美、体验美、热爱美、欣赏美和创造美的教育,是一种陶冶情操和净化心灵的教育,心理育人应积极应用到美育中,发挥出"以心育美"的作用。

1.心理育人有利于提升大学生的审美能力

大学生产生美的心理活动,提升大学生的审美境界离不开心理育人的参与。心理育人中通过心理层面的介入,培养大学生高尚的审美情感,形成高雅的审美意趣,全面提高大学生的审美能力。在心理育人过程中有意识地引导大学生树立自然美、社会美、艺术美、心灵美、科学美、人生美的审美意识,培养审美情趣、审美态度、审美感受和创造美的能力;培养大学生美的情感,促进大学生的感受、直觉、想象力、创造力等心理的发展;塑造大学生的人格美,健全人格实际上是一种人格美的体现,心理育人从涵养个体美好心灵的角度,提升个体的人格美的高度。事实上,大学生的内在审美境界都以个体健康的心理品质为基础,促进大学生对审美

境界的领悟,形成相对稳定的审美心理状态,奠定大学生接受美育的心理基础。在审美教育中追求更有趣味、更有意义和价值的人生,树立美的道德境界,在实践中做出美的行为,去塑造美和创造美。

2. 心理育人有利于解答大学生的审美困惑

近年来,社会上各种泛娱乐主义以及人们审美取向的庸俗化,对高校大学生也产生不同程度的影响。对审美的追求展现出大学生思想新潮,追求自我个性和时尚体现出大学生的审美心理特征;同时大学生也对审美产生各种心理上的困惑,在"媒介化"背景下各种审美庸俗化现象在一定程度上充斥着大学生活,影响着大学生的审美判断,甚至出现小部分低俗化和泛娱乐化的倾向。心理育人中应加强对大学生审美心理的引导,从心理层面帮助大学生解答审美困惑,纠正大学生的审美偏差,形成良好的审美情趣,建立起正确的审美价值观。

(五)心理育人在劳育中的作用

劳动教育是培养时代新人的必要途径,在高校立德树人中发挥着举足轻重的作用。劳动是促进人全面发展的唯一方法,劳动是人类一种最基本的活动形态,是推动人类文明进步和社会发展的重要力量。我党历来十分重视劳动教育,作为党的教育方针的重要内容,其经历了一个不断发展和完善的过程。劳动在人类发展中展现出独特的地位和作用,劳动教育在整个教育体系中发挥着重要作用。心理育人有利于促进劳动教育发展,发挥出"以心促劳"的作用。

1. 心理育人有利于帮助大学生形成劳动心理品质

当前,大学生中还存在着对劳动缺乏正确的认识,缺乏吃苦耐劳的精神,劳动意志力低下等不良现象,从根本上说是劳动意识和劳动心理品质缺失。

心理育人有利于帮助大学生形成对劳动教育的正确认知,增强大学生的劳动意识,确立正确的劳动动机和态度,培养大学生热爱劳动的积极情感,以坚强的意志克服在劳动中存在的各种困难,最终形成正确的劳动行为和劳动习惯。在心理育人中要引导大学生锻造坚强的意志品质,形成健全完善的人格,增强大学生吃苦耐劳的意志品质,鼓励大学生在艰苦劳动中去锻炼,提高克服困难和挫折的能力,形成坚韧、果敢、坚持、百折不挠的积极心理品质。

2.心理育人有利于帮助大学生进行劳动心理调适

劳动实践过程是一个充满艰辛的过程,可能会引发大学生各种不适感或负面情绪体验。通过心理育人对大学生进行心理调适,对过度劳累行为进行引导,让大学生学会适应劳动环境的变化,在劳动中缓解工作压力和劳动疲劳,提高劳动的效率,促进生活与工作有机平衡,学会劳逸结合,快乐工作和生活;帮助大学生掌握劳动技能的方法,学会与他人沟通,恰当处理工作中的人际关系,从而维护身心健康。

总之,新时代构建德智体美劳全面发展的教育体系,必须把德智体美劳作为一个整体加以考虑,重视心理育人在德智体美劳"五育"中的基础地位,把心理育人有机融入"五育"发展的过程中。事实上,"五育"发展离不开"心理"的参与,心理育人中含有德育、智育、体育、美育、劳育的部分,心理育人与"五育"之间通过双向互动关系形成有机整体,发挥出"以心修德、以心促智、以心强体、以心育美、以心助劳"的同向同行的育人作用。心理育人在德智体美劳全面发展教育中发挥着基础性的作用,具体表现在以下三个方面:

第一,心理育人通过对大学生心理健康促进为"五育"发展提供基本保障。心理健康是个体心理的各个方面及活动过程处于一种良好或正常的状态。心理健康是一切教育活动的前提和基础。大学生德智体美劳全面发展必须以心理健康为前提条件。心理育人是学校开展素质教育的基础,它与"五育"的融合彰显出素质教育的本质要求。"智育"增长知识才干,"德育"明确价值方向,"美育"塑造美好心灵,"体育"强身健体,"劳育"筑梦圆梦,"心育"则贯穿在其中,维护和促进大学生的心理健康,为大学生的成长成才提供最基本的保障,"五育"共同促进大学生的全面发展。高校开展心理育人工作正契合"五育"对大学生健康成长的需求,是新时代培养高质量、高素质人才的必然要求。

　　第二,心理育人通过对大学生心理过程把握为"五育"发展提供心理基础。心理育人是以"知、情、意、行"的"心理"过程贯穿在德智体美劳全面发展的过程中。从心理层面入手,促进大学生对"五育"的"知"的理解、增强对"情"的体验、加深对"意"的认识,最终形成对"行"的塑造。首先,引导大学生从认知层面加深对"五育"的育人目标和基本内容的理解,内化为自己内在的知识体系,作为个体理解、判断和行动的基础,促进"五育"育人理念全面"入脑";其次,有利于让大学生对党和国家的各项育人工作产生心理认同,在学习、工作和生活中感受到"五育"对自己成长的价值,让个体获得愉悦的情感体验,即"入心";再次,让大学生从心理层面自觉地接受育人目标,有目的、有计划地支配和调节自身行动,形成实现"五育"目标的坚定信念和精神状态,即"意";最后,将德智体美劳全面发展的理念和技能外化为大学生的自觉行动,通过外在行为发展和深化"知、情、意",即"行"。可见,心理过程贯穿在大学生德智体美劳全面发展的过程中,"五育"提供给大学生的教育内容都要通过个体心理机制的选择和内化,才能渗透到大学生的头脑中,在头脑中形成相应的品德心理结构、智力心理结构、体育心理结构、审美心理结构以及劳动心理结构,为大学生形成思想品德、发展智力、增强体质、塑造美感以及劳动意志提供良好的心理前提,通过道德行为、学习行为、体育行为、审美行为以及劳动行为等外显的形式表现出来,共同构成时代新人完整的精神面貌。

　　第三,心理育人通过对大学生"非智力因素"培养为"五育"发展提供动力支持。心理育人从个体的需要、动机、兴趣、态度、能力及性格等心理因素入手,培养"五育"所需要的"非智力因素"。心理育人有利于从心理层面激发大学生的需要和学习动机,让大学生对"五育"保持好奇、兴趣,激发学习的热情;帮助大学生培养创造力和感恩、自信、希望、自律、坚韧等个性品质,形成积极的情绪情感体验,以轻松愉悦的心情投入"五育"的学习和实践活动中;帮助大学生树立积极乐观向上的心态,克服"五育"学习中存在的不良心态,等等。总之,心理育人对"五育"的发展起到重要的助推作用,通过培养非智力因素对"五育"起促进和强化作用,不断挖掘大学生的优势,激发大学生的心理正能量,提升人的全面发展教育质量,为人才培养提供有力的支撑。

二、高等教育心理育人在时代新人培育中的紧迫性

(一)实现中华民族伟大复兴战略全局对大学生心理素质的紧迫要求

当前我国进入乘势而上开启全面建设社会主义现代化国家新征程、向第二个百年奋斗目标进军的新阶段,大学生身上肩负着的历史使命和重任比历史上任何时期都要重。大学生是社会中最积极、最有生气的群体,也是一个最容易陷入困惑的群体。然而,大学生所处的新时代却是世界格局变化万千,国情、党情发生深刻变化的新时代,我们面临的风险和发展机遇前所未有,实现中华民族伟大复兴中国梦的严峻形势,对时代新人心理素质提出更高的要求。心理素质是大学生综合素质的具体体现,促进和制约个体整体素质的提升和发展,是其他素质形成和发展的基础。拥有良好的心理素质是大学生处理和应对各种复杂问题的重要保障,积极、进取、奋斗、担当等心理品质成为时代新人心理素质的重要组成部分,这是从整个国家战略发展大局出发对人才提出的要求。

1. 心理育人有利于培养担当心理品格促进大学生"勇于追梦"

担当是一种精神,是一种责任,是一种积极的心理品格,是一种克服逆境无所畏惧的勇气,是一种积极主动的行为,是一种高的成就动机。实现中华民族伟大复兴的中国梦对大学生提出了更高的责任担当的要求。在心理育人中要引导大学生在常学常新中增进知识储备,在学思践悟中勇于追梦,树立起勇于担当的意识,从心理层面渗透和激励,铸就大学生勇于克服困难、迎难而上和挺身而出的担当精神,把责任担当内化为自身人格品质的一部分,在实践中转化为践行担当的行为。

2. 心理育人有利于养成奋斗积极行为助力大学生"勤于圆梦"

大学生处于实现"两个一百年"奋斗目标的历史交汇期,见证并参与实现中华民族伟大复兴中国梦的全过程,大学生必须对"大变局"和"两个

一百年"有一个全面、系统的认知和把握,要形成实现中华民族伟大复兴中国梦而奋斗的动力。从心理学层面上看,个人奋斗代表个体通过其行为或目标试图独特地完成的事,奋斗的实质是心理学上所指的意志品质,是一种战胜困难、战胜自我的意志品质和积极行为表现,体现出个体知、情、意、行的内在统一。心理育人正是要从积极行为激励的视角,引导大学生形成奋斗的动机,坚定奋斗的行动选择,激发奋斗的热情,形成连续奋斗的行为动力,以积极行动投身中华民族伟大复兴中国梦的实践中。

(二)社会主要矛盾变化对满足大学生美好精神生活的迫切需要

社会主要矛盾变化意味着人民群众所期待的内容将更加丰富,人民对精神文化的需求以及对获得感、幸福感、安全感的心理需求日益增多。当前,社会中物质世界丰富与人类精神世界相对贫困形成对比,个体价值观正经历着迷茫、重塑和整合,处于种种迷茫状态的个体,迫切需要思想政治教育为自己解疑释惑,解决心理世界和精神世界面临的矛盾和冲突。因此,深刻认识新时代社会主要矛盾的变化,抓住社会主要矛盾变化所引发的高校思想政治教育主要矛盾的变化,满足大学生的精神生活需要成为高校思想政治教育迫切需要解决的问题。

1. 心理育人有利于满足大学生对美好精神生活的需要

新时代社会主要矛盾变化在思想政治教育领域表现为教育对象日益增长的美好精神生活需要与思想政治教育客体发展不平衡的矛盾。心理育人作为思想政治教育的育人途径在一定程度上去解决这个矛盾。心理育人以独特的方式回应传统思想政治教育对人的美好精神生活关照的缺失,是满足人的精神需要的重要手段。高校心理育人是促进大学生精神品位提升的有效途径之一,在满足大学生的精神性需要方面发挥着独特优势。教育者可以在心理育人的过程中精准地了解大学生对美好精神生活的需要,提升大学生的幸福感、获得感和安全感;心理育人提供给大学生倾诉和了解大学生精神或心理需要的平台,通过正面宣传教育和间接渗透影响大学生的精神世界,满足大学生对美好精神生活的需要;心理育人从心理层面促进大学生坚定理想信念、构建和谐人际关系,获得丰富的情绪情感体验,不断满足大学生在被尊重、被爱、被关注,提高获得感、安全感以及发挥潜能等方面的精神需要。

2. 心理育人有利于提升大学生获得美好精神生活的能力

对美好生活的向往实际上是一种客观物质需要和主观心理感受的结合,也是一种获得感、安全感和幸福感。美好精神生活包括精神和心理层面的内容,既是一种高尚的精神境界,也是一种美好的心理体验;心理层面上,它是一种健康的心态、人格的完整统一以及对美好未来的憧憬和向往。心理育人过程中通过运用心理学的原理和方法,提供给大学生自我成长、自我调节和自我提升的方法;通过心理育人中的价值引导帮助大学生确立正确的价值坐标,从而引领个体往正确的方向发展,提升个体精神生活需要的境界,提高获得美好精神生活的能力。马克思认为"现实的人"幸福的终极结果是实现每个人自由而全面的发展,心理育人可以满足大学生追求幸福,提高幸福感的价值归旨,从内在心理层面提高主观幸福感,提升大学生感受幸福、创造幸福的能力。心理育人中还通过引导大学生以实现中国梦为价值目标,将个人幸福梦与人民幸福梦统一起来,去更好地认识个体幸福与人民幸福的关系,建立更高层次的幸福追求,使大学生获得更多的精神上的愉悦与享受。

三、高等教育心理育人纳入立德树人育人体系的应然性

(一)从心理育人的学科属性上看

思想政治教育是一门综合性和现实感很强的应用型学科,具有社会科学和人文科学的属性,以社会主义意识形态教育为主导。心理育人有很强的理论性和应用性,既有思想政治教育学科的特点,与思想政治教育有必然的关系;又有心理学的学科特点,与心理学也有密切的联系。但是,总体上,心理育人还是归属于思想政治教育学科,离开思想政治教育谈心理育人,就会使高校心理育人工作失去发展的方向;而心理育人要更有效地服务于高校立德树人的实践,就必须在思想政治教育的框架内开

展相应的工作。

一方面,心理育人归属于思想政治教育学科范畴,它萌芽、形成和发展于思想政治教育的理论与实践,这就从根本上决定心理育人的"育人"本质是培养担当民族复兴大任的时代新人,具有鲜明的意识形态性。意识形态是思想政治教育所具有的最稳定的基本属性,它规定着思想政治教育的根本性质和方向。高校心理育人应坚持以马克思主义为指导,明确政治方向,以社会主义核心价值观为价值导向,以培养社会主义建设者和接班人为根本目标。心理育人还具有一定的"人民性",从根本上说,它是以广大人民根本利益作为出发点和落脚点,坚持以人为本,把关注人民的需求与心理健康、为人民提供社会心理服务结合起来。因此,心理育人带有鲜明的意识形态性,归属思想政治教育学科的范畴。

另一方面,从思想政治教育学科出版的专著中略见一斑。在高校心理健康教育发展早期,心理健康教育就已经被列入思想政治教育的学科范畴中。这从思想政治教育学科出版的著作对思想政治教育内容的诸多表述可以看出,这些观点从定义、工作模式、学科归属等多个角度论证心理健康教育是思想政治教育的重要组成部分。

心理育人是心理健康教育在新时代发展的新阶段,在"大思政"教育格局下得到新的发展和重视,是高校思想政治教育重要的育人体系。因此,心理育人必然具有思想政治教育的本质特征,无论在理论上还是在实践中,都应紧紧围绕立德树人的使命展开,积极服务于新时代高校思想政治工作,更好地发挥立德树人的价值。

(二)从心理育人的内蕴功能上看

心理育人为高校思想政治教育创新发展提供路径和方法,作为一种价值理念深刻影响着高校思想政治教育,它本身所内蕴的育人属性和功能,是心理育人在立德树人系统中发挥独特价值的内在逻辑依据。现阶段,心理育人内蕴功能呈现以下特点:

1.由预防治疗性功能向发展性功能转变

我国高校心理健康教育早期发展主要以"问题"为导向,以"治疗式"

的心理咨询为主,相当一部分人对高校心理健康教育本质和内涵缺乏正确理解,甚至把心理健康教育等同于心理咨询或心理治疗,把心理健康教育工作的重点放在对个别学生的心理咨询和治疗上,把解决大学生的心理问题、排除心理障碍或危机干预作为重点工作内容,忽视对大学生心理素质的培养及心理潜能的开发,大学生心理发展的需要得不到满足。实际上,我国心理健康教育不同于心理咨询与治疗,其带有更多发展性的教育功能。心理育人是心理健康教育发展的新阶段,心理育人具有心理健康教育的"传统"功能,主要表现在四个方面:一是生存保障功能。心理育人以促进大学生个体的身心健康发展为目的,以维护大学生的生命安全为基本底线,对大学生进行心理危机干预,帮助大学生维护心理健康,从生命成长视角对个体给予全面的关注,为大学生提供最基本的生存保障,这是心理育人的"底线"价值。二是矫治性功能。心理育人重要功能在于对有心理困扰的大学生提供心理咨询和辅导,识别严重心理问题倾向和严重心理障碍倾向的学生;在《中华人民共和国精神卫生法》的框架下对严重心理问题的大学生给予一定程度的干预和矫治,对严重心理障碍的学生给予及时的转介,转介到专科医院接受专业的治疗。三是预防性功能。通过宣传和普及心理健康教育知识,增强大学生心理免疫力,提升大学生的社会适应能力,帮助大学生更好地调整心理状态;通过心理健康筛查,及时发现有心理问题倾向的学生,给予及时的心理辅导与帮助,以达到预防心理问题的目的。四是发展性功能。心理育人旨在不断促进个体自身的发展和完善,提升大学生心理健康素质;帮助解决大学生遇到的各种发展性的心理困惑;塑造积极人格和培育健康心态,从而促进大学生在认知、情感、意志、行为等方面的发展,最终实现自己的人生价值。

2. 由个体功能向社会功能延伸

高校心理育人在长期的发展过程中日益凸显对社会政治、经济、文化发展的作用,在促进国民经济发展、社会发展以及应对重大突发事件中的作用越来越突出。高校拥有雄厚的专业资源、相对规范的心理咨询机构、可靠的专业师资队伍以及相对成熟的组织管理运行体系,作为社会心理服务网络的重要组成部分将在国家社会心理服务体系建设以及应对重大突发事件中发挥重要作用,成为社会发展中心理健康服务和心理危机干预的重要核心力量。高校心理育人将利用其专业资源优势,在促进健康中国背景下国民心理健康素养提升、社会心理服务体系建设以及应对重大突发危机事件中发挥着不可推卸的社会职责。

　　从高校心理育人在高校立德树人的重要性、紧迫性和应然性三个方面论证高校心理育人在立德树人中的独特价值。心理育人对德智体美劳"五育"全面发展教育中发挥着基础性作用,发挥出"以心修德、以心促智、以心强体、以心育美、以心助劳"的育人价值。高校心理育人是应对世界百年未有之大变局对大学生心理健康造成挑战的现实需要,对于化解大学生心理困扰、预防和处理大学生心理问题,促进大学生健康心态培育以及应对重大突发事件下的心理危机都具有重要的价值。心理育人价值还体现为提升大学生心理素质,让大学生树立积极心态"敢于有梦"、培养担当心理品质促进大学生"勇于追梦"、激发奋斗行为助力大学生"勤于圆梦",培养大学生道德人格夯实"实现梦想"的人格基础,以回应实现中华民族伟大复兴战略全局下对时代新人心理素质的迫切要求。在社会主要矛盾发生变化的时代背景下,心理育人有利于满足大学生对美好精神生活的需要,提升获得美好精神生活的能力,对助力社会心理服务体系建设也具有重要的意义。本章还从高校心理育人的学科定位、政策落地推动以及心理育人内蕴功能三个视角论述高校心理育人纳入立德树人体系的应然性。

第二节　高等教育心理育人价值实现的机理

　　价值实现最终以事物变化发展内在机理为根本遵循。"机理"揭示"事物发展变化规律性"是指为实现某一特定功能,一定的系统结构中各要素的内在工作方式以及诸要素在一定环境条件下相互联系、相互作用的运行规则和原理。心理育人价值实现的机理揭示事物变化发展内在规律性"只有深入分析心理育人价值实现机理,才能有效促进心理育人价值的实现。

一、高等教育心理育人价值实现的目标

高校心理育人作为高校思想政治教育十大育人体系之一,是紧紧围绕着高校思想政治教育目标而展开的。心理育人价值实现的目标内在地规定着整个心理育人运行的方向,心理育人价值实现目标问题是心理育人价值实现首先要解决的问题。

(一)做好大学生的心理疏导化解心理困惑

高校心理育人价值实现的第一层次目标是解答大学生的心理困惑,做好对大学生的心理疏导,这是心理育人价值实现的短期目标。心理育人要回应和解答当代大学生的成长困惑,解决大学生日常生活中存在的各种心理困惑,维护大学生心理健康,做好对严重心理问题大学生的矫正以及对心理障碍或精神问题学生的转介。一方面,高校心理育人工作更多的是要回应大学生在日常生活中的成长性心理困扰,包括大学生的心理适应、人际交往、恋爱困扰、情绪管理、职业规划、求职就业等发展性心理问题,对大学生存在的各种心理困扰给予解答和帮助,在困惑解答中维护大学生心理健康,从心理学角度对大学生的思想困扰进行答疑释惑。身心发展的特点决定大学生在成长过程中存在诸多的困惑,高校心理育人正是在满足大学生个性化的心理需要基础上,解答大学生在成长过程中遇到的各种"心理"之惑;用心理育人中的平等、尊重、真诚、信任等人文关怀方法,更好地去解答大学生的"思想"之惑,做好对大学生价值观的引导,通过树立理想信念,坚定信仰,提供心理疏导,帮助处于心理动荡期和困惑期的大学生克服迷茫心理,从而度过心理、思想和精神危机。另一方面,高校心理育人还要对各类严重心理问题学生进行识别、干预、辅导和转介。高校要通过对大学生心理危机干预,对有心理危机倾向的大学生给予精准的心理辅导,让大学生能够有效地化解心理危机,这是高校心理育人的重要目标,是维护高校和谐稳定的重要基础,为大学生的健康成长

提供基础保障。如对大学生中常见的抑郁症、恐怖症、强迫症、精神分裂症等各类问题的识别、辅导与转介,为心理危机大学生提供即时的心理干预和心理危机后干预,要能识别有严重心理危机的学生,并及时转介到精神病专科医院治疗。总之,高校心理育人要改变以往以问题为导向的心理健康教育模式,在积极心理学的视域下更好地为大学生答疑释惑,维护大学生心理健康,化解大学生心理危机,这是高校心理育人价值实现的第一层次目标。

(二)提升大学生的心理素质培育健康心态

高校心理育人价值实现的第二层次目标是提升大学生心理素质,培育健康心态,这是心理育人价值实现的中期目标。一方面,新时代高校心理育人要以关注大学生的积极心理品质为主要着眼点,提升大学生的认知能力、意志品质、气质和性格、心理适应能力、创新创造力、抗挫折能力等心理素质能力,促进大学生人格的发展和完善。在实现中华民族伟大复兴中国梦的背景下,心理育人还应重点培养大学生的理想信念、责任担当、奋斗进取、乐观向上的积极心理品质,在提升大学生心理素质的同时促进其综合素质的提高,为实现中华民族伟大复兴中国梦锻炼过硬的心理素质。另一方面,新时代高校心理育人要以培育大学生健康心态为目标。事实上,党的十九大在国家社会治理部分就明确指出要培育自尊自信、理性平和、积极向上的社会心态,全国思想政治教育工作会议提出要把培育大学生的健康心态,维护校园和谐稳定作为新时代高校思想政治教育的重要目标。培育大学生健康心态是确保大学生成长成才的基础,通过心理育人价值实现,让大学生形成自尊、自信的人格品质,学会自我接纳和自我肯定;培养大学生理性、平和的态度和情绪,学会以正确态度对待周围的人和事;激发大学生形成积极向上的进取精神,树立积极乐观的人生态度。因此,心理育人价值实现的目标要契合国家和时代发展的需要,要紧紧围绕着实现中华民族伟大复兴的中国梦对时代新人提出的心理素质要求,紧扣国家社会治理体系中对社会心态的建设目标,把提升大学生心理素质,培育大学生的健康心态作为新时代高校心理育人价值实现的方向,这也是对时代发展诉求的积极回应。

(三)实现大学生的价值引领培养时代新人

高校心理育人价值实现的第三层次目标是"培养担当民族复兴大任时代新人"促进大学生德智体美劳全面发展,这是心理育人价值实现的终极目标。一方面,强化心理育人的价值导向,实现对大学生的价值引领。价值观是个体的灵魂,对个体心理健康和积极行为塑造起到重要调节作用。高校要在心理育人的过程中强化价值导向,把社会主义核心价值观贯穿到心理育人的过程中,让大学生在正确价值观的指引下,树立正确的友善观、成败观、群己观、得失观、义利观、爱情观、择业观,构建起和谐而美好的心灵。另一方面,心理育人价值实现的最终目标是培养担当民族复兴大任的时代新人。高校心理育人也要围绕新时代教育人才培养目标,把培养社会主义建设者和接班人作为心理育人价值实现的最高目标,并把这个总目标贯穿到心理育人的全过程,融入心理育人的各个环节中。恰当处理好心理育人与"五育"发展的关系,让心理育人积极融入"五育并举"的人才培养体系中,发挥出心理育人对大学生德智体美劳全面发展的基础性作用,从"心理"的层面为培养时代新人提供新的视角。

总之,心理育人价值实现的目标具有一定的层次性,在心理育人过程中要结合具体情况设定相应的目标。

二、高等教育心理育人价值实现的要素

"要素"即构成事物的必要的因素,要素在系统中是相互独立又按一定比例构成一定结构,在很大程度上决定着系统的性质,同一要素在不同系统中的地位和作用各有不同。高校心理育人价值实现的构成要素,是指促进高校心理育人价值实现的必要因素。高校心理育人价值实现的构成要素包括教育者、教育对象、教育环境和教育主体四个要素,各要素之间相互影响,发挥各自的功能和作用,共同促进高校心理育人价值实现。

(一)教育者

教育者是高校心理育人价值实现的主体要素,是思想政治教育重要

的构成要素,在心理育人价值实现中处于主导地位。理论界把思想政治教育中的教育者定义为对思想政治教育对象的思想品德施加有目的、有计划、有组织的教育影响的个体或群体,是思想政治教育活动的发动者、组织者和实施者。这里教育者是指高校内从事心理育人工作的教师队伍。心理育人教师队伍是在开展心理咨询服务、心理危机干预、谈话谈心、日常心理健康教育活动、心理健康教育课等一系列心理育人实践中,对教育对象的心理、知识和技能等方面起教育影响作用的"人"。在三全育人视域下,高校心理育人的教师队伍主要包括心理健康教育专职教师、思想政治理论课教师、兼职心理咨询师、辅导员等政工干部、学科专任教师、班主任、导师以及行政人员等。本文所涉及的教育者主要指高校内部的组织机构和人员,而把高校外部共同参与心理育人的家长、校友、社会人员、团体和机构等群体归到"社会系统的教育力量"。教育者在高校心理育人中发挥着举足轻重的作用,将对教育对象产生全方位的影响。

（二）教育对象

教育对象是心理育人价值实现的核心要素,心理育人价值实现就是要抓住教育对象的新时代特征。只有真正把握教育对象的规定性,才能真正发挥心理育人的作用,促进心理育人价值的实现。当代大学生面临着新环境肩负着新使命,心理育人要融入大学生的时代课题,与当代青年发展的时代主题相契合。

心理育人有效开展必须牢牢抓住教育对象的特点才能更有实效性。了解和把握教育对象的思想、心理和行为新特点,为更有针对性地实施心理育人提供重要的保障。当代青年思想活跃、思维敏捷,观念新颖、兴趣广泛,探索未知劲头足,接受新生事物快,主体意识、参与意识强,对实现人生发展有着强烈渴望。这种青春天性赋予青年活力、激情、想象力和创造力,应该充分肯定。

（三）教育环境

环境本身就是思想政治教育路径之一。环境是一个重要的育人要素,影响和制约着思想政治教育的成效。因此,要重视环境对心理育人价值实现的影响,积极、良好的心理育人环境对心理育人价值实现具有促进作用;相反,育人环境中存在的消极、不良因素则会影响或阻碍心理育人价值的发挥,影响和干扰心理育人价值实现的效果。张耀灿教授根据思想政治教育环境影响的范围把思想政治教育环境分为宏观环境、中观环境和微观环境。参照此标准,心理育人价值实现环境的宏观环境分为社会政治、经济、文化和心理环境为主的社会环境;中观环境包含融媒体环境、舆论环境、学校环境;微观环境包含家庭环境、班级环境、人际环境等。这些环境构成多元化、多层次的心理育人场域,对心理育人价值实现产生不同的影响。在新时代,高校心理育人环境的创设既要体现出对客观环境的重视又要积极关注主观心理环境氛围的营造,又要实现从现实环境到虚拟环境的延伸。

1. 从关注客观环境到重视主观心理环境的营造

心理环境属于主观环境,是一种主体感知环境,属于营造性环境。心理环境的变化制约和影响个体或群体的心理,而个体或群体的心理状态又间接制约着思想政治教育效能的发挥。从国家社会治理体系大格局中加强社会心理建设到微观的人际心理氛围构建都对心理育人价值实现产生影响。因此,心理育人不仅要关注相关环境的生活场,也要关注个体感知的心理场;不仅要关注社会心理环境建设,也要注重教育者与教育对象之间人际情境的营造,发挥出环境独特的心理育人功能。

(1)重视社会心理环境的营造。社会心理环境的变化会影响到思想政治教育的有效开展。社会心理环境主要是指在社会上大多数成员的要求、愿望、情绪、意志等社会心理状况基础上形成的一种社会心理情境,这种社会情境不由社会主导媒体的宣传舆论所左右或表征,而是代表着人们在日常生活中自发表现出来的社会情绪,主要表现为社会心理氛围。心理育人工作的有效开展需要心理育人教师了解社会心理环境的整体变化规律,认清当前社会心理环境所面临的新境遇,发挥社会心理环境的育人功能。从总体上看,一方面,当前我国民众社会心态主流呈现积极向上的良好态势,民族自豪感和自信心有所提升,对国家的认可度和社会凝聚力不断提高;人民的安全感、幸福感和获得感有所增强;社会风气有所改善,人们展现出较好的整体精神风貌,中华民族伟大复兴中国梦的进程中民族的奋斗意识不断提高,这些都是社会心理环境中的积极因素。另一方面,我国正处在改革开放的攻坚期,随着社会转型和社会结构的深刻调整,社会各阶层矛盾凸显,各种社会思潮暗流涌动,社会中还存在着焦虑、烦躁、攀比、嫉妒、怨恨、诚信缺失等不良社会心态,给高校大学生健康心态带来不利影响。心理育人教师应及时了解和把握新时代社会心理环境变化的特点,加强对大学生社会心理变化的关注和引导,消除负面社会心理因素对大学生成长的影响,为高校心理育人价值实现提供良好的社会心理环境。

(2)重视人际环境的创设。教育者与教育对象之间、教育对象与教育对象之间的人际关系是个体拓展生存、发展和创造空间的保障,师生关系、班级人际关系、宿舍人际关系以及朋辈之间关系都构成人际环境。心理育人是以"心"育"心"的过程,是教育者与教育对象之间精神交往的活动。教育者要以人文关怀的理念,从关注人的价值、思想、心理状况、心理需求以及精神世界等维度入手关心教育对象,与他们建立起平等和信任的人际关系,营造出良好的人际环境。人际环境的优化有利于提升个体的自我意识,形成人与人之间团结互助、和谐相处、友爱包容的人际环境氛围,对于提高大学生的认同感与归属感、提高团体凝聚力以及促进个体社会化发展都具有重要价值。心理育人教师要利用与大学生日常交往契机或其他社交情境营造心理育人的人际氛围,通过一些对话情景和认知情境,抓住心理育人的契机,主动营造出心理关怀的氛围。总之,心理育人教师应主动营造出和谐、融洽和友善的人际情境,创设出师生之间良好的人际环境,为心理育人价值实现提供良好的环境氛围和契机。

2. 从关注宏观现实环境到虚拟全媒体环境的拓展

随着互联网的快速发展,大众传媒形成传统媒体、网络媒体和移动互联网媒体共存的"全媒体"格局,引发媒介生态和传播格局的深刻变化。全媒体时代导致思想政治工作的生态环境日趋复杂,对我国高校心理育人工作提出新的要求。全媒体具有开放性、交互性、即时性、海量性和共享性等基本特性,全媒体环境是一个多元、互动、互融的环境,强大的信息传输构成一个强大的信息场域,在这个信息场域中传递出积极或消极的信息和舆论导向都潜移默化地影响着大学生的健康成长。在全媒体影响下信息内容呈现、交流与分享模式变化,话语体系变化以及网络社会关系都会对大学生的世界观、人生观和价值观以及心理健康产生积极或消极的影响。新时代心理育人要通过全媒体手段从空间、地域、内容等方面扩大覆盖面,发挥全媒体在舆论上的导向和引领作用,利用各种媒体创设出积极、良好的心理氛围,营造出清朗、有序的全媒体心理育人生态环境。

(四)教育主体

介体是连接教育者与教育对象的“桥梁”教育者利用一定介质对教育对象进行教育以及教育对象向教育者反馈信息都要通过一定的介质来完成,即介体。介体包含着一定的教育信息内容,包括传递或承载信息、内容的具体活动形式或载体。张耀灿教授认为,教育介体即教育内容和教育方法,是教育者用来影响受教育者的社会所要求的思想品德规范,以及把这些思想品德规范传授给受教育者的各种活动方式和手段。教育介体是联结教育者与受教育者的纽带,共同构成思想政治教育过程的基本要素。心理育人价值实现的介体是指在心理育人实践活动中,教育者通过一定的心理育人内容来影响教育对象以及在心理育人过程中所采用的方式、方法和活动形式等。心理育人价值实现的介体是一种客观的存在,具有信息传递功能,在心理育人价值实现中发挥着举足轻重的作用,主要包含心理育人的内容、方法和活动形式等,离开介体,心理育人价值就无法实现。新时代高校心理育人内容、手段和活动形式等载体要素更加丰富多元,应随着时代变化作出相应的调整和改变,以适应新时代高校心理育人发展的新要求。

1.要注重心理育人内容的优化

心理育人内容联结着教育者和教育对象,没有内容为载体,教育方法和途径就成了“空洞的、毫无意义的摆设”。因此,心理育人内容是心理育人的重要介体,优化心理育人的内容供给,增加心理育人内容的科学性和针对性是提高心理育人质量的关键。心理育人教师要改变过去"以问题为导向"的心理健康教育模式,结合新时代要求对心理育人的内容做出新的调整。做好高校心理育人内容的优化,应在时代发展、社会发展以及个体心理需求的基础上进行设计和优化,让心理育人的内容供给具有广阔的社会基础和理论视野,彰显出心理育人内容立意的高度和视野的广度。总体上看,新时代高校心理育人内容的优化要做到三个坚持:一要坚持心理育人内容的社会发展需要与个人需要的统一。高校心理育人内容供给要融入符合新时代发展潮流所需要的主题,把时代发展需要、社会发展需要和个人发展需要结合起来,真正体现出心理育人的价值本质。高校要与时俱进地拓展心理育人的内容,融入时代发展的主题,反映社会发展的新要求,只有这样才能适应社会发展的新趋势。如,激发大学生为实现中华民族伟大复兴中国梦而奋斗,培育大学生自尊自信、理性平和、积极向上的社会心态,提高大学生社会适应能力,树立远大理想抱负等都要列入心理育人的重要内容中。同时,心理育人教师要在把握思想政治工作规律和个人成长规律的基础上,根据形势变化及时调整心理育人的内容。

二要坚持知识性内容与价值导向性内容的统一。心理育人内容要注重把传授心理健康知识、提升大学生的心理素质与树立正确的世界观、人生观和价值观结合起来,满足新时代教育对人才培养的新要求,彰显出心理育人的"育人"属性。因此,在原有心理健康教育内容模块基础上,要突出心理育人价值导向性的内容,让大学生在获得知识性内容的基础上形成正确的价值观,发挥心理育人的价值导向功能。心理育人教师要在平时的心理辅导、谈话谈心、心理健康教育课程、心理危机干预等过程中,有意识地渗透和融入对大学生价值引领的教育内容,以适应新时代对心理育人内容发展的新需要。

三要坚持心理育人内容的普遍性与个性化的统一。心理育人普遍性的内容是对全体大学生都适用的,是紧密联系大学生的生活实际,反映大学生的所思、所想、所忧,对大学生的心理困扰、人生追求和精神成长问题的关照和回应,是大学生要共同学习的知识或是共同面临的问题。同时,心理育人的内容也要满足大学生个性化的需要,在心理育人内容中增加个性化内容,包括可以设置个性化的校本教材内容,设计符合不同学生群体的个性化的心理育人内容,实现心理育人内容的普遍性与个性化的统一。

2.要注重心理育人方式的创新

高校心理育人的方式要借助网络媒体和大数据手段,探索心理育人方式的创新。全媒体和大数据的发展拓展了心理育人价值实现的空间和资源,高校心理育人的背景、渠道、手段和方法都呈现出新的趋势,心理育人教师要以全媒体和大数据为媒介创新心理育人的方式,利用现代传播技术,打造"互联网式"心理育人的新模式。

(1)突出全媒体特征

高校心理育人要在方式上实现创新就必须突出全媒体的新特征。高校心理育人的方式创新要凸显以下特点:一是全程参与。全媒体打破时空限制,改变心理育人内容的承载和传播方式,促进心理育人由单向"灌输"传播向全程互动式传播转变,在任何时间节点和空间场域都可以进行传播,实现心理育人资源的共享。二是全息融合。在心理育人载体上,多元化的媒介提供包括微信、抖音、快手及其他直播平台等在内的多元化的载体,集文字、声音、图像、影像、表情和短视频等多元的现代信息传播要素,丰富心理育人的传播途径,实现心理育人内容呈现方式的多样化和手段的多元化,提高心理育人的吸引力和趣味性。三是全员互动。作为了解大学生思想和心理动态的窗口,通过微信、QQ、微博等媒体平台了解大学生的所思所想;师生可以通过评论、点赞、转发等方式参与心理育人,提高师生在心理育人中的互动性,激发大学生的主体性和主观能动性。利用媒体平台开展对大学生的心理疏导,通过一对一的网络心理咨询,减少学生隐私顾虑,是全媒体技术支持下一种值得推广的心理求助方式。

(2)突出精准化特征

新时代心理育人要利用大数据思维和大数据分析技术,创新心理育人手段。运用大数据分析技术,建立动态的大学生心理健康状况的预估预警、筛查和追踪机制,借助大数据全面、真实和精准地收集心理育人的数据资源,抓取、研判和分析大学生的心理需求、认知规律、心理思想状态和学习行为习惯等,更好地因材施教;通过新手段对大学生的心理咨询信息、心理危机信息以及心理育人效果反馈等做全面准确分析和研判,将大大提高心理育人的精准度和实效性。因此,精准意味着手段技术精准,也意味着心理育人教师要树立"精准"思维,把它运用到心理育人的全过程中,做到心理育人对象精准、服务精准、手段精准等。

三、高等教育心理育人价值实现的实质与过程

高校心理育人价值实现是一个复杂的过程,是在一系列心理育人的活动中完成的,心理育人价值的实现由教育者和教育对象等各个要素组成,这些要素相互作用,形成心理育人价值实现的轨迹。

(一)新时代高校心理育人价值实现的实质

张耀灿教授认为从客体方面来说,思想政治教育价值实现的过程是思想政治教育由"潜价值"到"价值"的转变过程,思想政治教育价值实现的实质是价值客体的主体化。借鉴思想政治教育价值实现相关内涵,笔者认为高校心理育人价值实现是教育者和教育对象在教育环境的影响下,教育者借助心理育人的内容、方法和手段等介体作用于教育对象,通过教育者与教育对象之间相互作用,在心理育人矛盾运动的过程中促进心理育人价值实现,解答大学生心理困惑,促进大学生良好心理素质培养,达成培养担当民族复兴大任时代新人的最终目标。心理育人价值实现就是心理育人中所蕴含的思想、价值、理念等内容被教育对象所接受,内化为教育对象稳定的心理结构,外化为一种心理能量以及个体外在行为表现,主要体现为以下三个过程:

高校心理育人价值实现的实质是一个客体主体化和主体客体化的过程。从心理育人价值主客体的角度看,心理育人价值实现可以分为客体主体化和主体客体化两个阶段,对应价值转化和价值创造两个过程,两者

统一于心理育人价值实现的过程。一是客体主体化阶段是价值转化的阶段。心理育人相关内容(客体)作用于大学生(主体)内化为大学生内在的心理结构,满足大学生心理素质培养和成长成才的需要,并外化为大学生的实际行动,促使大学生展现出良好的心理素质以及时代新人所需要具备的品质;促使大学生在遇到困难挫折时能及时做好心理调适,以积极、健康心态投入社会实践活动中去。这个过程实际上是客体属性被主体所吸收并转化为自己内在素质的过程,即实现价值转化的过程。二是主体客体化阶段是一个价值再创造的阶段。心理育人价值就是在实践中,在社会和个体需要发展的过程中不断产生、发展和实现,主体不断对客体功能提出新的要求,心理育人价值实现本质就在于价值创造。实际上,心理育人价值实现的过程是由教育者、教育对象、教育介体和教育环境共同参与,是教育者和教育对象在教育环境因素的影响下,借助教育介体,对教育对象施加影响,各个要素之间相互作用,发挥各自的功能,把教育对象培养成社会发展所需要的时代新人的过程。心理育人价值实现的本质是客体主体化和主体客体化的过程的统一,这是一个价值创造—实现—再创造的不断实践的过程。

1. 心理育人价值实现的实质是主客体之间需要满足和相互作用的过程

心理育人价值实现过程是一个促进价值主体的需要与价值客体属性和功能之间的满足和被满足的过程,其价值实现的实质是心理育人客体满足价值主体需要,促进主体发展并产生积极效用的过程。然而,心理育人主体的需要是不断变化发展的,价值客体属性和功能也是不断拓展的,心理育人主体需要与客体属性和功能之间成正比关系,只有客体能够不断满足主体的需要,才能在这种主客体相互作用的过程中促进心理育人价值实现。心理育人最大限度发挥自己的属性和功能,在心理育人实践中对主体(人和社会)产生促进作用,满足人和社会发展的需要,心理育人价值才得以实现。需要和功能之间就是在不断变化和发展中实现契合,以此推动心理育人价值不断形成和实现。因此,只有密切结合社会发展需要和人的发展需要来开展心理育人工作,满足价值主体的需要,才能提高心理育人的针对性;心理育人价值的发挥要结合新时代要求不断丰富心理育人内容,采用不同的心理育人方式和方法;而随着需要不断变化和发展,心理育人的功能也要随之不断完善和丰富。在心理育人实践中实现主体需要与客体功能的统一,最终促进心理育人价值的实现。

2.心理育人价值实现的实质是心理育人内在矛盾不断解决的过程

辩证唯物主义原理指出,矛盾是推动事物变化发展的根本动力。心理育人价值是在不断解决心理育人矛盾的过程中生成和发展的。心理育人价值的生成和发展取决于心理育人内在矛盾,就是说人和社会的发展对心理育人存在某种客观需要和心理育人本身具有的属性和功能可以满足人和社会发展的需要之间的矛盾。社会发展和人的发展对高校心理育人提出的时代需要和它能满足这种需要的内在功能之间的相一致和相适应,决定着新时代心理育人价值本质。心理育人价值实现本质就是在解决这些内在的矛盾中充分展现出自身的价值。事实上,在心理育人系统中还存在种种矛盾,存在教育者心理育人能力水平相对落后与教育对象需要之间的矛盾;教育者、教育对象与心理育人的内容、形式、手段等之间的矛盾,正是在心理育人矛盾不断被解决的过程中促进心理育人价值的实现。

(二)新时代高校心理育人价值实现的过程

心理育人价值实现也是一个复杂的、动态的实践过程,包括教育者与教育对象达成共识、教育者心理育人行为发生、教育对象内化、外化践行、评价反馈调节五个基本阶段。

1.教育对象的内化整合

教育对象内化过程就是教育者运用一定的心理育人的方式和手段,通过心理育人实践活动作用于教育对象,将国家所要求的时代新人应该具有的知识、能力和素质等传递给教育对象,把教育者的思想、心理状态、人格品质等传递给教育对象,教育对象在自己现有的认识水平和心理健康水平的基础上,自觉地选择、消化和吸收相应的内容,转化为内在的心理素质组成部分,促进教育对象内在的知、情、意、信、行的心理结构优化和心理素质提升,促进积极心理品质培养和良好心态构建,最终内化为自己价值体系的过程。内化的过程是一个教育对象认知、感受、分析和选择的复杂过程,若教育对象未能把心理育人相关理念、内容等与自己原有的知识结构进行整合和内化,就不能转化自己内在知识和品质,则会阻碍心理育人价值的实现。

2. 教育对象的外化践行

心理育人价值实现要经过教育对象外化这一重要的阶段。所谓外化,就是将内化的心理育人相关知识等转化为外在行为表现,使之成为自己内在心理品质和外在行为习惯的阶段。通过心理育人实践活动,帮助个体树立起正确的心理健康观念,学会自我身心调节,做一个具有较强心理素质、健全人格、心理健康、奋发向上、有责任担当的时代新人。它要求教育对象在遇到具体的实践场景时,能够自觉把心理育人中获得的知识、技能或心理品质发挥在中华民族伟大复兴中国梦的实践中。

四、高等教育心理育人价值实现的原则

高校心理育人要在遵循思想政治教育规律和学生成长规律的基础上,把握高校心理育人价值实现的基本原则。心理育人价值实现的原则是心理育人价值实现过程中应该遵循的准则,对心理育人价值实现有重要的指导意义。

(一)阶段性原则

大学生成长的阶段性特点和个体的差异性决定了心理育人要因时、因地、因人、因条件的变化而变化,促进心理育人价值实现就要坚持阶段性原则。

1. 心理育人过程的阶段性

大学生在不同的发展阶段所表现出来的差异性、变化性与独特性决定了心理育人也要适应教育对象的成长阶段性与成长连续性特点,分阶

段、有重点地设计与推进心理育人,满足教育对象不同成长阶段的发展需要。高校要针对大学生的阶段性特点和心理需求有针对性地开展心理育人工作。一是心理育人的内容及方式方法等要与大学生所处的不同成长阶段内在需要相一致,与不同年龄阶段个体的心理特点相一致,结合教育对象的心理规律与成长规律,选择合适教育对象的心理育人内容;二是心理育人的内容和方式方法等要与个体不同成长阶段的任务相适应,促进个体的角色转换与社会化。

2.心理育人效果的阶段性

心理育人价值实现具有一定的阶段性,心理育人价值实现的成效有些是大学生在接受心理育人过程中或者是结束后效果就马上凸显出的,价值实现的效果也是立竿见影、立即实现或是短期就能表现出来的;有些则是通过对大学生深层次的心理、思想、价值观的影响,促进大学生的心理品质不断得到锤炼,心理素质慢慢提升,心理育人价值在长期的不断教育过程中才慢慢凸显出来。

(二)差异性原则

高校心理育人价值的实现就要遵循差异性原则。差异性主要是指心理育人中要针对不同教育对象因材施教而采用不同的心理育人策略。事实上,每个大学生都是独特的个体,要尊重教育对象的主体性差异,心理育人工作只有贴近大学生具体生活实际,贴近大学生个体的内心世界,关注大学生需求的特殊性,才能真正促进心理育人价值的实现。

1.教育者要尊重学生的个体差异

心理育人教师要尊重学生的个体差异,这是心理育人价值实现的重要原则。个体差异主要体现在两个方面:一是要关注大学生的认知、需要、价值观、性格、兴趣等方面的差异。每个大学生个体都是不同的,他们的个性特征不同,需求不同,兴趣爱好不同,对世界和周围的人或事的看法也存在明显的不同,这就需要教师在进行心理育人时要具体问题具体分析,做到因人而异。二是心理育人教师要把握教育对象不同的文化背景、教育背景、家庭背景、成长经历等差异。个体所处的文化背景是不同的,他们的家庭成长环境以及父母教养方式也各不相同,每个人在不同发展阶段成长经历也各不相同,这些都会对学生心理成长产生深远影响,这是教师在心理育人中必须了解和把握的。因此,心理育人教师要充分尊重个体身心差异、需要差异、接受水平差异以及成长环境差异,具体了解教育对象处于什么层次,有什么心理需求,其成长过程受到什么因素影响,等等,根据教育对象的需求、特点以及原有基础,由浅入深层层推进、因人而异因材施教,针对不同学生具体情况采用不同的心理育人策略,才能更好地促进心理育人价值的实现。

2.教育者要尊重学生的群体差异

不同大学生群体有不同心理特征、诉求和困扰,大学生的思想动态和心理动态也有所不同。因此,心理育人教师还要对教育对象进行合理分类,建立不同群体大学生的心理育人策略,以切实解决他们的思想、心理和情感困惑。当前高校大学生中出现一些特殊群体。因此,高校在心理育人中就要针对不同群体大学生的心理特点采取相应的心理育人策略,分层分类开展心理育人,满足不同学生群体的心理健康服务需求,做好对不同群体大学生的心理引导和干预,让高校心理育人更加具有针对性,从而提升心理育人的实效性。

(三)人本性原则

促进高校心理育人价值实现必须遵循人本性原则,把它渗透到心理育人的全过程中。在心理育人价值实现的过程中,要把人本性原则贯穿心理育人的全过程,在工作理念、方法、内容和环境营造上体现出人文关怀的价值取向。

1.心理育人价值理念的人本性

高校心理育人始终把"围绕学生、关照学生和服务学生"作为工作的出发点,这是一种"以生为本"的价值理念。它要求心理育人过程中要以学生的需要为出发点,尊重学生、关心学生、激励学生、爱护学生、理解学生,是一种真正以学生为主体的教育。在心理育人中体现出对大学生人格的尊重,对大学生实际心理需求的关注,对大学生个体能力差异的接纳,对大学生生命的关爱等。高校心理育人始终体现出对大学生身心健康的深切关注,以促进个人自我发展和自我完善,实现人的全面发展为价值归旨,是对人的本性的回归,是高校思想政治工作的价值追求。

2.心理育人内容和方法的人本性

高校心理育人在内容设计上应紧密联系大学生主体特征,以大学生的心理需求为导向,为大学生提供有针对性的内容供给,以维护大学生的心理安全为基本底线,从对教育对象的生存和生活状态的关怀到对生命层面的终极关怀,让大学生学会尊重生命、热爱生命、珍惜生命等。在心理育人中还不断提高大学生追求和获得幸福的能力,引导大学生向善向上,不断提升心灵境界,挖掘大学生的潜能和优势,满足大学生对心理和精神世界的需求。从教育方式看,高校心理育人积极发挥教育对象的主体性和主观能动性,创设温馨、和谐的外在环境实现教育者与教育对象之间的良性互动,构建起互动、民主、和谐、平等的机制和教育环境,让教育方式更趋向人性化,传递出浓厚的人文关怀的意蕴。如在心理咨询、心理健康教育活动开展、心理健康教育课程授课过程中,采用平等对话、谈话谈心、倾听共情、无条件积极关注、充分尊重等柔性人文关怀方法,既发挥出学生的主体性,又激发出学生的积极性,既帮助学生解答内心困惑又保护学生的自尊心和隐私。总之,高校心理育人出发点与归宿点都是"人"本身,是对全体大学生心灵成长的理解、关注和关怀,这也是新时代高校思想政治教育发展的特征,为心理育人价值实现提供了根本遵循。

第三节　高等教育心理育人价值实现的路径

高等教育心理育人价值实现是一个理论问题,也是一个实践问题。不仅要从学理上对心理育人价值实现机理进行深入剖析,更要在实践中去构建实施的路径。高校心理育人价值的实现要坚持问题意识,紧紧抓住教育对象的成长规律和心理特征,把握教育对象的心理需求,切实解决心理育人中存在的现实矛盾问题,构建全方位、全要素、高效率的心理育人价值实现路径。

一、发挥课堂主渠道打造立体化的心理育人课程体系

课程育人是高校十大育人体系的重要组成部分,是高校立德树人的重要的途径之一。高校要深化心理健康教育课程改革,挖掘心理育人课程资源,形成纵横交错的心理育人课程群。按照"全方位融入、全面覆盖、分级实施、有效衔接"的思路,打造"全覆盖、有梯度和不断线"的立体化心理育人课程体系。

(一)发挥心理健康教育课对心理育人的主渠道作用

高校心理健康教育课程是心理育人的主渠道,是对大学生进行心理健康教育知识教育的重要途径,在心理育人中发挥着举足轻重的作用。

1. 打造形式多样的健康教育课程,丰富心理育人的教学体系

心理健康教育课程是高校宣传与普及心理健康知识的重要途径,高校要全面提升大学生心理健康教育课程的教学质量,打造由"线下主课堂十网络新课堂十心理微课堂十实践大课堂"构成的心理健康教育系列课程,实现心理健康教育课程教学从线下到线上课堂的延伸,从线上又回到社会生活实践的无缝对接。

(1)线下主课堂。高校要把线下心理健康教育课程作为心理育人的重要渠道,纳入全校人才培养的整体方案中,确保心理健康教育课程的全覆盖。大学生心理健康教育课程融合心理知识传授、心理体验与行为训练为一体,在解答大学生心理困扰,预防大学生心理问题,引导大学生心理调适、提升大学生心理素质以及促进大学生成长成才等方面发挥着重要的作用。各高校应严格按照教育部对心理健康教育课程的规定来制定教学计划,保证充足的学分和学时,形成以必修课为主、选修课为辅的心理健康教育课程体系,保证在校大学生都能接受心理健康教育,实现高校心理健康教育全覆盖。

(2)网络新课堂。心理健康教育网络新课堂是利用各种线上的网络平台和教学资源,实现心理健康教育教学资源共享,以先进的网络教学技

术和丰富的教学资源,推动传统心理健康教育课程教学模式的变革,把线上教学和线下教学结合起来。通过"心理健康教育视频课程""心理健康教育资源共享课""心理健康教育慕课""翻转课堂""移动直播"等多样化的网络教学平台,打造线上心理健康教育课程"金课"。丰富的网络心理健康教育教学资源汇聚心理健康教育方面的教学师资,让大学生接触到更优秀的教学资源,作为线下教学的重要补充,有利于解决当前高校心理育人教师队伍缺乏的困境,打破时空的限制,让大学生有机会在线聆听一线教学名师的授课,以网络信息技术来弥补传统心理健康教育的不足,进一步提高大学生在线自主学习的积极性和能动性。开设心理健康教育网络课程是高校要逐步推广和拓展的方向。

(3)心理微课堂。心理微课堂是以短小精悍、内容新颖、形式活泼、即时互动为特点的短视频或微视频来宣传和普及心理健康知识的小课堂。心理微视频在微信公众号、微博、b站、抖音等媒体平台上发布,使用动漫或图片配合文字解说的形式帮助大学生认识和理解心理健康知识点,以大学生喜闻乐见的方式传播心理健康知识,极大满足大学生的学习需求,可视化动画场景赋予大学生丰富的视觉感受,提高大学生学习的参与度和兴趣度,增强大学生的互动性和体验性。心理微课堂契合人与空间共存的应用场景,符合大学生碎片化场景下的学习特点,大学生可以利用生活化和碎片化的时间进行学习,创新了大学生学习的场景和形式,成为高校心理健康教育课程的重要补充。

(4)实践大课堂。实践大课堂侧重心理实践体验,让大学生在实践中获得感悟和提升。心理育人教师要在心理健康教育课程中精心设计具体的实践环节,设置一定的实践学时,撰写心理健康教育课程的教学实践报告,列入心理健康教育课程考核的范围,让大学生能把课堂上学到的心理健康教育知识运用到具体的实践中。实践大课堂分为团体和个体两种形式。团体实践方面,大学生可以参与不同主题的团体心理辅导;可以组织开展心理主题班会活动,参与宿舍团体箱体活动体验,参加心理情景剧剧本创作与演出,设计心理小调查等实践活动,让大学生在体验中收获心理成长。个体实践方面,大学生可以自主选择相应的教学模块设计个性化的实践内容。

2. 促进互动体验式课程的教学改革,激发心理课堂的活力

高校应推进大学生心理健康教育课程的教学改革,坚持创新课堂教学,给学生深刻的学习体验。心理健康教育课程应该是互动体验式课程,最大限度发挥大学生的主体性,采用理论、体验、训练相结合的教学方法,打造情景浸润式的课堂。"互动体验式"心理健康教育课堂把辩论对话、案例讨论、心理测试、心理训练、角色扮演等多元化教学方式融入心理大课堂,不断激发课堂活力,让大学生在心理活动的实践中去觉察、感悟和体验,让大学生在师生双向互动或学生间的多向互动中,碰撞出思维的火花,得到心与心的交流,最终获得心理的成长。它涉及暖身活动创设氛围、知识点呈现、活动体验、分享讨论和总结提升五个具体环节,让大学生在教学与互动过程中获得对心理健康知识的理解,获得心灵的感悟和成长。通过心理健康教育课程的教学改革不断激发课堂的活力,全面提升心理健康教育课程的教学质量。

3. 心理健康教育课程中挖掘思政教育元素,发挥心理课程的育人功能

高校要在心理健康教育课程中融入思想政治教育的内容,要具体落实到心理健康教育课程的目标设计、教学大纲编撰、教材的选用、教案课件编写、内容评价体系修订等方面。要重新修订心理健康课程的教材,在原有教学计划中有机融入思想政治教育元素,让思想政治教育的内容进入大学生心理健康教育教材中,充分地挖掘心理健康教育课程与思想政治教育育人元素的映射点,处理好心理健康教育中的显性知识教育与隐性价值引导的关系。高校心理健康教育课程中融入思想政治教育的元素,应贯穿心理健康教育课程教学的各个环节,有机融入课堂授课、体验分享、作业考核等各个环节中。在"大学生自我意识培养"的授课中,教师除了引导大学生清晰地认识自我、了解自我,掌握欣赏自我、悦纳自我的方法外,还要通过认识自我教育,让大学生学会处理自我与他人、自我与

社会的关系,处理好"大我"与"小我"之间的关系,把"小我"融入国家和时代的"大我"之中,从一个非独立"社会人"到独立"社会人"的转变,找到自己的合理定位,实现从学生到进入社会的角色转变。在课堂体验环节,教师可以在课堂中开展角色扮演,设计情景式的教学,如通过设计价值观冲突的情景让学生角色扮演,让大学生在体验冲突、觉察冲突和化解冲突的过程中完成对自己价值观的澄清、判断、选择和重构过程。把心理元素和思想政治教育元素有机结合起来,既注重大学生的心理体验,又注重价值引领,保证思想政治教育元素在课堂中的灵活运用。

(二)发挥思想政治理论课对心理育人的重要促进作用

思想政治理论课是落实立德树人根本任务的关键课程,是新时代高校思想政治教育的主渠道,是直抵心灵、震撼心灵的课程。目前高校开设的思想政治理论主干课程中也蕴含着丰富的心理育人资源。思想道德境界的提升对大学生心理发展起到积极的促进作用,它从大学生价值观的引导、促进思想道德素质提升和坚定远大的理想信念等角度助推大学生更好地优化心理结构,提升心理素质,塑造积极的心理品质,有利于推动心理育人价值的实现。

1. 思想政治理论课中蕴含的丰富的心理育人资源为大学生的健康成长提供指引

在思想政治理论课中蕴含丰富的心理育人教学资源,要利用思想政治理论课的契机开展心理育人。以《思想道德修养与法律基础》为例,在《思想道德修养与法律基础》课程中有大量的章节内容与心理育人内容是交叉的。书中蕴含着大学生入学心理适应教育、人生目标与理想教育、职业生涯教育、人际关系教育、恋爱情感教育、生死教育以及自我和谐教育等心理育人内容,这些内容与大学生的心理健康息息相关,有利于指导大学生更好地处理个人与他人、社会的关系,提高大学生认识世界、改造客观世界和主观世界的能力,使其确立科学的人生目标,坚定崇高的理想信念,对大学生健康心态的养成以及积极心理品质的塑造都具有十分重要的意义。

2.思想政治理论课中蕴含的丰富的哲学思想为大学生心态调适提供方法指导

马克思主义哲学是对一切工作具有根本指导意义的科学世界观和方法论,为大学生认识问题、分析问题和解决问题,维护个体心理健康和促进心态调节提供方法论上的指导。如通过《马克思主义哲学原理》课程中马克思主义哲学理论的学习,让大学生逐步形成马克思主义的哲学思维,学会用全面、系统、辩证的观点去分析和处理问题,用发展的眼光看问题,构建起积极乐观的思维模式;让大学生学会理论联系实际,提升解决现实问题的能力,减少心理问题发生的概率。马克思主义哲学深刻揭示了人类社会发展的规律,是促进大学生学会分析问题和解决问题的金钥匙,从世界观和方法论层面为大学生提供具体的指导,促进大学生不断地完善自我,从而提升生命的质量。

3.思想政治理论课中蕴含的丰富的革命文化资源有利于涵养大学生的心态

革命文化是中国共产党在马克思主义指导下,领导中国人民在革命、建设和改革的实践中共同创造而形成的一种先进文化。思想政治理论课中蕴含丰富的革命文化资源,要利用革命文化资源涵养大学生的心态。如《中国近现代史纲要》课程向大学生展现出中国近代以来中国人民奋力探索和顽强拼搏的历史,通过课程学习让大学生看到中国人民是如何在中国共产党领导下取得新民主主义革命伟大胜利,形成不畏牺牲、忠诚乐观、勇于进取、积极向上的革命精神品质,成为涵养大学生健康心态的重要精神养分。思想政治理论课教师还可以通过加强对大学生党史、新中国史、改革开放史、社会主义发展史的教育,让大学生在百年革命奋斗史中看到中华民族日益自尊自信、开放包容的历史进程,百年革命奋斗史中蕴含的坚忍不拔、自强不息、锐意进取的革命精神品质,成为滋养中国人民砥砺前行的价值信念,对涵养大学生形成自尊自信、积极向上的社会心态都具有重要的价值。

(三)发挥课程思政对心理育人同向同行的渗透作用

学科专任教师应树立"课程思政"的教学理念,挖掘学科课程本身以及教学过程中的心理育人元素,在教育教学过程中有目的、有计划、有意识地渗透心理育人,更好地促进大学生身心健康发展。

一是学科专任教师应遵循知识的思政逻辑,把价值引导有机融入知识传授中。要树立正确的教学理念,明确各学科教学的目的是帮助大学生掌握基础科学文化知识,提高大学生的道德品质,帮助大学生形成良好的行为习惯,促进大学生德、智、体、美、劳全面发展及身心健康和谐发展。社会科学类课程和自然科学类课程里实际上都涉及观察、想象、思维、兴趣等心理因素,体现出社会认知、意志品质、社会情感以及人文精神等,以知识教育来支撑价值引导,在价值引导中促进知识传授,把知识传授与情感、意志、行为训练有机结合起来,以人格的塑造、人的价值开发等为目标,使课堂成为提升心理素质,造就人的全面发展的必要途径。

二是学科专任教师应遵循教学过程的思政逻辑,在课堂教学过程中有机融入心理育人。课堂教学过程不仅是学生知识学习的过程,更是师生之间互动交流的过程,是师生双方情感、态度、意志、性格等心理因素相互作用的过程。在这个过程中,师生关系、课程互动、课堂心理氛围、课堂管理模式、教师对学生的反馈态度以及教师的心理健康状况等隐性资源都对大学生心理发展和心理健康产生影响。这就要求教师在学科教学过程中自觉地、有意识地运用心理学的原理和方法,给大学生传授知识技能的同时,根据大学生的心理发展规律,结合学科教材内容,精心组织课堂教学,鼓励师生之间的知识、情感、价值交流,在此基础上产生心灵的碰撞与共鸣;给大学生多一些支持和鼓励,培养大学生形成良好的心理品质,自觉维护大学生的心理健康。

二、促进资源整合创设多元化的心理育人实践平台

实践活动是人们体验感悟和获得经验的重要方式。高校应积极开展心理育人的实践活动,在遵循高校心理育人价值实现机理的基础上,整合

各类资源,搭建起"多元化"的心理育人实践平台,丰富大学生的心理认知和心理体验,在"多元化"实践中促进高校心理育人价值的实现。

(一)依托校园心理文化活动,提高心理育人的活力

高校各类校园文化活动是心理育人价值实现的重要载体。要促进高校心理育人价值实现,就必须增强心理育人实践的实效性,创新心理育人的载体和形式,推动心理育人实践活动立体化发展。校园心理文化活动作为校园活动一部分,对个体心理成长具有重要的作用。一是推动心理育人校园文化活动品牌化。高校应通过日常的心理健康教育宣传活动,以大学生的成长需求为根本出发点,打造以"心理"为主题的精品活动,不断凝练心理育人的特色品牌活动,提高心理育人活动的吸引力。二是实现心理育人实践活动层次化。不仅要在学校层面开展丰富多彩的活动,还要依托高校二级学院开展颇具学院专业特色的心理育人实践活动,只有这样才能提高心理育人活动的覆盖面。

(二)丰富社会实践活动体验,拓展心理育人的载体

实践活动对大学生身心塑造具有重要价值,高校要积极探索以实践育人推动心理育人的途径和方法。在实践中,个体的实践目标越高,实践环境和条件越艰苦,可能遇到的困难和阻碍就越大,对个体锻炼和意志历练就越大。实践是历练人的意志品质的重要途径,在实践中得到锻炼的各种心理品质又反过来推动个体成长和社会实践能力的发展。

一是开展丰富多彩的第二课堂实践活动。高校利用开展主题班会、团日活动、党日活动等契机,把心理育人有机地融入第二课堂活动中,在大学生军事训练实践、创业实践、实习支教、勤工助学活动中,潜移默化地对大学生心理与行为习惯产生积极影响。如,通过军事训练实践,磨炼大学生的意志品质,培养大学生乐观、坚韧的心理品格;通过创业实践,锻炼大学生的创造性思维,培养团队协作和人际交往与沟通的能力;通过专业实践和实习支教锻炼大学生的职业能力,让大学生在解决实际问题中提升社会适应能力;通过勤工助学培养大学生自强自立、克服自卑、战胜自我的积极品质等。这些实践活动,不仅锻炼大学生的实践能力,提高大学

生的综合素质,还在实践活动中解答大学生的心理困惑,在贴近大学生日常生活中引发学生的心理和情感共鸣,促进大学生的心理成熟和成长,给大学生以思想熏陶、智慧启迪和心灵滋养,从而达到心理育人的目的。

二是加强大学生的社会实践和志愿服务活动。高校要引导大学生认识到当代青年的使命和担当,引导大学生勇于承担社会责任。在志愿服务的社会实践中,让大学生学会勇于面对各种挫折,增强克服困难的信心和勇气,树立自信、自立、自强的人格品质,在参与志愿服务的社会实践中形成奉献、合作、援助、救济、谦让等利他的社会行为。如,通过社区公益志愿服务,鼓励大学生用所学的知识和技能去帮助他人,用心服务社会,激发自我成就感价值感,实现自己的人生价值。

三是加强大学生的红色实践体验。高校应积极打造红色研学路线,带领大学生参观红色基地,增加红色体验和感悟,强化革命文化精神培养,磨炼大学生意志品质。大学生对参观红色实践体验对自己有精神激励还是持认可态度的。让大学生在聆听革命故事,学习英雄先进事迹,感悟革命精神力量,接受爱国主义教育的同时也锻炼大学生的意志品质,在社会实践活动体验中提升精神品性。

(三)利用现代信息技术媒介,创新心理育人的手段

信息化时代给高校思想政治工作带来新的机遇,要把新技术有机融入心理育人的实践中。借助大数据、融媒体和人工智能等现代信息技术媒介开展心理育人,发挥其在心理知识宣传、心理咨询服务、心理危机干预、心理健康数据监测等方面的作用。围绕高校心理育人价值实现目标打造多样式的心理育人媒介,形成开放、灵活、有效的心理育人新格局。

1.利用大数据平台开展心理健康数据收集、评估和预警

在高校心理育人过程中,借助大数据能便捷、精准和有效地掌握大学生的心理健康资料和信息,通过收集和分析大学生的心理和行为数据,对大学生进行全过程的个体"画像"和群体"画像",掌握大学生的思想、行为和心理变化的轨迹,精准研判大学生的心理健康状况,提高心理育人的精准性和针对性,让高校心理育人更具科学性和专业性。

(1)利用大数据平台开展大学生心理健康数据收集。

高校心理育人过程中会产生各种类型的学生心理健康数据,要挖掘心理健康数据价值,更多、更快地了解学生的心理健康信息,通过对大学生心理健康数据的深入分析、监测和预警,建立起心理育人的信息资源数据,这将大大提高心理育人的工作实效。然而,当前在对大学生心理健康数据的把握上还缺乏联动和监控,对大学生心理健康数据的收集还未引起足够的重视,造成学生心理健康信息来源过于单一,不能全面反映出大学生的心理健康动向。高校应建立和完善基于大数据平台的心理健康监测体系,以大大提高心理育人的精准度和实效性。

大数据为教师进行大学生心理健康信息的收集提供便利的条件,心理育人教师特别是心理健康教育专职教师和辅导员要聚焦以下方面开展数据收集:从数据来源场所看,大学生心理健康数据来源于校心理健康教育咨询中心、各二级学院、各学生组织或社团、班级、宿舍或家庭等。从数据获取来源对象看,主要来源于心理健康教育教师、兼职心理咨询师、辅导员、思政课教师、学科专任教师、班导师、后勤管理人员、学生干部、学生朋辈和学生家长等。从数据获取途径看,来源于新老生心理健康普测数据、学生个体心理咨询档案、贫困生心理档案、新生心理面谈档案、心理危机预警资料库档案、心理课程教学课堂表现记录、辅导员班主任谈话谈心记录,还有各种媒体平台。从心理健康数据获取内容看,一类是基于大数据记录的数据,如学生出入宿舍时间、饮食习惯购买记录、学习习惯、参加学生活动次数、出行习惯、图书馆出入数据、借书内容记录、借书数量记录、每月消费记录等诸多数据,通过这些数据可以形成对大学生个人学习、饮食、生活轨迹与规律的分析;另一类是反映学生心理健康内容的数据。因此,在心理育人过程中,心理育人教师要通过多元的途径,获取大学生各种类型的数据,构建起心理健康数据反馈体系。心理育人教师要有多渠道收集心理健康数据的意识,促进心理健康数据的共享、整合、分析和反馈,提高对心理健康数据的利用率。

（2）利用大数据平台开展学生心理健康数据分析。

高校要利用大数据平台做心理健康数据分析、整合和评估，形成对学生心理健康状况的整体性分析。高校要加强对大学生心理健康数据的收集、整理和分析，透过心理健康数据的整体性分析，利用大数据平台形成对大学生思想、心理和行为的整体上的评估和判断，对大学生的心理健康状况进行准确的研判，及时发现存在于学生身上的异常信息或预警指标。当大学生的心理健康指标超出一定范围时，发出相应级别的心理危机预警，心理育人教师就要及时进行心理危机介入和干预，这是心理育人要守住的最基本的安全防线。

2. 利用人工智能技术提高心理育人的实效

随着高科技的发展，人工智能技术越来越多地应用于思想政治教育领域，在心理育人实践中也有广泛的应用。把 VR 技术应用于高校心理咨询与辅导，为学生提供真实的情景再现，提高心理咨询的效率，具有较大的应用前景。一方面，虚拟现实技术整合了计算机图形学、视觉成像、身体感觉传感等高科技技术，给来访学生提供真实的、互动和体验式的虚拟场景，让来访学生在身临其境中接受心理咨询与治疗，可用于严重心理问题的咨询，运用在恐怖症、恐高症、创伤后应激障碍、惊恐障碍等焦虑障碍的心理治疗上，它还能以专业的视角去评估去分析人的心理活动、情绪波动以及心理健康状况，通过构建数据模型，为学生的心理和行为做出分析，大大提高了心理咨询与治疗的实效。另一方面，高校还可以把人工智能技术应用在心理育人教师队伍的培训上。心理育人教师需要经过专业的培训才能掌握心理育人相关知识和技术。高校可以利用 VR 技术对心理咨询师、辅导员、班导师等进行心理业务培训，这将大大提高咨询师的临床心理技能，提高辅导员、班导师等的心理育人能力，促进心理育人教师专业能力快速提升。人工智能运用于高校心理育人实践是未来发展的趋势。

3. 利用全媒体媒介打造心理育人的线上空间

高校应积极把心理育人渗透到大学生的生活微空间，搭建线上心理育人体系,这是高校心理育人有效应对网络媒体时代新机遇和新挑战的必然选择。高校心理育人可以利用大学生对网络媒体的独特喜爱,把心理育人渗透到大学生的生活微空间,打造线上线下心理育人的同心圆。高校要充分利用网络、广播、微信公众号、App 等媒体资源,利用大学生碎片化时间和网络实时传播、无缝衔接的特点,通过图解、视频、音频等文化传播形式,积极创作以心理育人为主题的微电影、微课堂、微动漫和微公益广告等作品,营造心理育人良好氛围,提高心理育人活动吸引力。为学生提供在线心理健康测试,帮助大学生更好地了解自己和认识自己,及时掌握自己的心理健康状况,为心理危机干预提供预警信号。线上心理育人将从认知和情感上丰富大学生的心理体验,为大学生提供便捷的心理服务,增强与大学生的有效互动,打破心理育人的时空限制,实现心理健康教育资源共享,将提高心理育人效率。

三、坚持全员参与构建系统化的心理育人运行体系

高校心理育人价值实现是一项系统工程,需要在实践中构建"系统化"的心理育人运行体系,实现心理育人工作从局部向整体拓展,由"点"到"面"结合。高校心理育人价值的实现就是要发挥系统要素功能,实现其整体性创新发展,建立起个体—朋辈—学校—家庭—社会—政府多元共生的心理育人运行体系。

(一)强化自我教育,促进自我心理和谐

自我教育是一种积极主动、自觉的教育,是心理育人价值实现的重要方面。通过积极自我教育,促进自我心理和谐,为心理育人价值实现奠定良好的基础。苏联教育家苏霍姆林斯基曾经说过促进自我教育才是真正的教育。因此,要重视自我教育在促进心理育人价值实现中的作用。自我教育是教育对象在心理育人价值实现目标的指导下,根据教育者的要求和自己身心发展状况,有目的、有意识、有计划地学习心理健康教育相关知识,做好心理健康调适,塑造积极心理品质,促进心理健康素质提升。

1.提升大学生的自我教育意识

高校心理育人要融入大学生全面发展的过程中,要提高大学生自我教育、自我负责和自我保健的意识。大学生要树立自我教育意识,树立心理健康意识,主动学习心理健康知识,积极地参加学校组织的各种心理健康自助、互助活动。激发自我教育的动机,教育对象自我教育需求和欲望越强,价值实现的效果才会越好。心理育人价值实现离不开大学生自我觉察和自我成长,激发大学生对自我的心理观照、自我学习和自我管理的意识,只有树立自我教育意识,才能提高大学生自我教育的主动性、积极性和创造性,心理育人价值才能真正地实现。

2.提高大学生改造主观世界的能力

要不断提高大学生改造主观世界的能力,增强个体自我觉察能力和心理问题识别能力,增强主动求助意识和自我调适能力,实现自我心理和谐。大学生要善于借鉴中华优秀传统文化中的内省、慎独等"修德修心"思想,提高自我觉察和自我领悟能力,学会对自己不良心理和行为问题的反思,对自己的心理状况能敏锐觉察,通过自省或他人评价来认识自我,发现自己的心理困扰;学会自我心理调适,勇于真正面对自己的内心世界,实现自我接纳和自我成长,提升自我认同感;主动调节自己的情绪,有自我改变的动力,积极地为自己的成长赋能。总之,大学生要在心理育人的实践中提高自己改造主观世界的能力,更好地发挥自己的主观能动性,预防、调适和解决自己的心理问题,促进大学生认知、情感、意志、行为以及人格的完善和协调,从而实现自我内在的心理和谐。

(二)发挥朋辈力量,实现朋辈互助成长

"朋辈"即同辈的朋友泛指朋友。学生朋辈是心理育人重要参与力量,是一种学生自我教育的理想途径。朋辈群体年龄相仿、兴趣相近、需求相似,容易产生情感共鸣和价值认同。因此,要挖掘朋辈中蕴含的观察学习、模仿、行为强化和激励的教育力量,引发朋辈之间的心理共鸣,促进心理相容和心理认同,实现朋辈的互助成长,这是促进高校心理育人价值

实现的有效途径。

1. 挖掘朋辈的主体性, 发挥朋辈在心理育人中的作用

目前, 高校普遍建立以班级心理委员、宿舍心理信息员为主的朋辈学生心理工作队伍, 他们是高校心理育人四级心理危机网络中的重要一级, 在心理育人中的作用主要体现在四个方面: 一是在日常学习和生活中宣传与普及心理健康知识, 增强同学的心理健康意识和心理自助能力。二是组织班级心理健康教育活动, 营造良好的班级、宿舍心理健康文化氛围。三是促进朋辈陪伴, 对需要关注的同学给予陪伴和支持, 引导有心理困惑的同学寻求专业帮助等。四是发现心理危机学生。朋辈学生队伍能够随时关注身边同学的心理动态, 容易发现周围存在的心理异常的同学, 为其提供必要的朋辈陪伴, 向其提供心理援助信息或是及时向教师汇报心理危机同学的情况。因此, 高校要积极发挥朋辈队伍在宣传和普及心理健康知识、发现学生心理危机、倾听陪伴以及积极榜样力量中的作用, 探索利用朋辈开展心理育人的方法。朋辈在一定程度上延伸了学校心理育人工作的臂膀, 把心理育人工作延伸到大学生的生活场域中, 形成朋辈"自助—助人—互助"循环机制, 在心理育人价值实现中发挥着特殊的作用。

2. 发挥朋辈榜样力量, 创设朋辈教育情景

心理育人教师要善于营造和创设朋辈群体的教育情景, 形成积极的群体心理效应。利用朋辈身上正向的积极资源和榜样力量, 宣讲自己的青春正能量故事, 用自己的力量去影响别人。通过设立朋辈心理榜样为大学生提供鲜活的榜样资源。建立多元化的朋辈心理榜样库, 包括全面发展的优秀大学生典型、学霸群体学生、生活困难却勤学励志学生; 或是有某一方面特长学生、成长经历突出学生; 或是具有相似心理困扰的学生。这些学生身上都蕴含着榜样激励的力量, 对其他大学生的心理成长产生影响, 容易引发群体之间的情感共鸣和示范效应, 既传递出积极励志的正能量, 发挥出榜样的示范引领作用, 又能产生较好的心理治愈效果,发挥出朋辈的心理育人效应。

3.设计朋辈互助方式,保持朋辈互助体验

高校应设计多元化的朋辈互助方式,发挥朋辈正向的群体效应。在朋辈互助的分享方式上,把网络新媒体(线上)分享形式和面对面分享(线下)方式结合起来,充分利用线上媒体,增加朋辈群体之间的线上互动性和感染力。在朋辈榜样互助的类型上,设计不同的朋辈互助类型。在大二、大三,组成学习朋辈互助促进同学之间的互相监督和学习,如分享每日单词打卡、每日考研计划、读书心得等,互相鼓励,交流学习经验;情绪互助则重在分享解压妙招、互为情绪树洞,享受快乐生活,分享生活中的美好事物,互诉心声,互解心结。在大四学生中,设立求职互助型朋辈,相互之间分享求职心得,组团组队相互训练面试技巧等。在不同阶段设立不同的朋辈互助小组,保证朋辈的全过程渗透和陪伴,形成朋辈互助的良好心理成长氛围。

(三)学校协同发力,形成心理育人合力

学校在心理育人价值实现中发挥着主导作用,要完善协同心理育人的机制,形成心理育人合力。党的十九届四中全会强调,要加强和改进学校思想政治教育,建立全员、全程、全方位育人体制机制。高校要树立三全育人的工作理念,建立多部门协同联动机制,形成三全育人视域下高校心理育人价值实现的合力。

1.全员心理育人机制

全员心理育人是要建立多元主体共同参与的全员育人机制,形成由高校党委统一领导、多元参与、齐抓共管的心理育人全员机制。广义上,全员心理育人包括高校内部的教育者和学生朋辈,还包括家长、校友、社会人士、团体和机构等。狭义的全员心理育人包括高校党政领导干部、辅导员等政工干部、心理健康教育专职教师、兼职心理咨询师、思想政治理论课教师、学科专任教师班主任、导师、行政人员、后勤服务人员等组成的心理育人教师队伍,还包括班级心理委员、宿舍心理信息员、学生党员、学

生干部、学生心理社团等在内的学生朋辈队伍。心理育人教师队伍基本上涵盖校内全体教职工,涉及学校的学工部、研工部、教务处、团委、宣传部、保卫处、财务处、后勤管理处、校医院等不同的机构和部门。各部门人员紧紧围绕立德树人使命,树立心理育人的价值理念,明确自己的职责范围和工作任务重点,全面提升各部门人员的政治素养、道德水平和专业胜任力,才能真正地实现心理育人的全员参与。

(1)要明确职责范围,搭建全员参与的联动机制。

一是明确职责范围。当前,高校心理健康教育专职教师的心理育人工作职责相对明确,思想政治理论课教师、辅导员等政工干部、学科专任教师、班主任、导师等其他心理育人教师队伍的心理育人职责相对不清晰。高校应明确其他心理育人教师在心理育人中的工作职责。思想政治理论课教师主要是发挥在思想政治理论教学、学生谈话谈心以及心理危机发现与转介中的作用,解答大学生思想、心理困惑,向大学生传递社会正能量。思想政治理论课教师应积极转变教学思维,把培养大学生正确的世界观、人生观和价值观延伸到培养大学生积极的心理品质和健康心态上,不仅需要在课堂上传播积极的正能量,给大学生心灵播撒真善美的种子,更要从思想政治理论课的课堂走向学生宿舍、食堂等其他场所,从课堂的理论讲授拓展到课后的谈话谈心,用自己高尚的人格去影响和感化学生,用自己深厚的理论功底和广博的知识赢得学生,成为学生所喜爱的好老师。辅导员等政工干部是心理育人中最重要的参与力量,要全面调动辅导员参与心理育人的积极性。辅导员身处一线,与学生交流和沟通最多,是最了解大学生的教师群体,在心理育人中有天然的优势,应让辅导员在与大学生谈话谈心、开设心理健康教育课程、心理危机预防与干预、心理育人活动的组织、朋辈心理学生干部任用与管理以及心理健康教育知识宣传上发挥出更大的作用。学科任课教师、班主任、导师主要是在学科教学中渗透心理育人工作,探索"课程思政"教学策略,还要通过谈话谈心解答大学生的困惑,及时发现和转介大学生的心理危机,发挥自身的人格魅力影响学生,等等。树立"育人"理念,把对大学生知识培养、心理品质塑造以及价值观引领结合起来,在文化知识教育的过程中培养时代新人,把自己身上的积极心态和优良人格品质传递给学生。抓住学生"亲其师、信其道"的心理特点,在课堂教学、指导课题、科研论文、开展实验研究等过程中,"滴灌式"地把正确的世界观、人生观和价值观以及健康的生活方式、积极心态、情感导向等渗透到人才培养的各个环节,围绕着学习、生活、成才、就业等方面的现实困扰进行答疑;他们还需具备发现和处理学生心理问题的意识和能力,及时发现和转介存在严重心理困扰的学生,让学生能够及时接收专业的心理帮扶。其他行政人员、后勤服务人员更多的是发挥在服务和管理中的心理育人作用,给大学生足够的人文关怀,为大学生提供暖心的服务,潜移默化地对学生心理成长产生影响。行政教辅人员在心理育人过程中要把解决心理问题与解决学生实际问题相结合,在服务育人中实现对大学生的答疑释惑和有效引导。当前一些行政教辅人员对自身职责使命的认识存在偏差,片面认为大学生的心理工作是学工部门和辅导员的事情,与自身职责无关,从而弱化服务育人的功能;一些行政教辅人员对自己与学生关系认识存在偏差,在提供服务过程中未能为大学生提供"贴心"、"舒心"和"暖心"的人性化服务,行政教辅人员应在周到、便捷、高效、人性化的服务中体现出心理育人的价值理念。

二是搭建全员参与联动机制。发挥不同心理育人主体的优势,形成合力心理育人良好格局,建立心理健康教育专职教师、政工干部、思想理论课教师、班主任、专任教师之间的联动机制。做好心理健康教育专职教师与政工干部队伍、思想政治理论课教师队伍、班导师教师队伍之间的联动。相关主管部门应建立起心理健康教育专职教师参与思想政治教育理论课的教学、参与思想政治理论课教学集体备课的机制,促进课程思政教师、"思政课程"教师以及日常思政教师之间的协同联动。思想政治理论课教师、政工干部参与对学生的心理辅导,定期开展谈话谈心,举办针对思想心理动态研判会和案例研讨会,建立起双向沟通平台;有条件的高校还应做好心理健康教育专职教师与心理学专任队伍的联动,加强心理学专业教师参与心理育人工作,邀请心理学专家开展心理督导,举办心理疑难案例会诊,加强对心理育人工作的专业指导。高校要通过集体备课、案例研讨会、思想—心理研判会等固定机制,促进心理育人队伍之间的联动。

(2)提高心理育人教师的政治素养和道德水平。

高校加强心理育人教师工作队伍政治素养和师德师风建设,要突出以下方面:

一是明确心理育人教师的时代使命。加强自我修养,勇于承担起教书育人的重要职责,培养德智体美劳全面发展的社会主义建设者和接班人,成为一名可信、可敬、可靠,乐为、敢为、有为的新时代好教师。这成为教师的时代使命。心理育人教师理应认清时代使命,勇于承担起培养时代新人的重要任务,紧紧围绕新时代使命展开心理育人工作。心理育人教师要抓住大学生成长的关键时期,在心理育人各个环节中渗透对大学生价值观的引导,满足大学生成长的需要,塑造大学生价值观,给大学生心灵埋下真善美的种子,引导大学生扣好人生第一粒扣子,努力把大学生培养成身心健康、勇于承担大任、德智体美劳全面发展的时代新人,最终实现立德树人的根本任务。

二是提高心理育人教师的政治觉悟和职业道德水平。坚定理想信念,形成高尚的思想境界和道德情操,做学生思想的引路人,维护意识形态安全与稳定,自觉地投入建设中国特色社会主义事业中。另外,心理育人教师要有良好的职业道德,用高尚的师德师风和人格魅力影响学生。

(3)提高心理育人教师的专业胜任力。

对于高校心理育人教师而言,最重要的是要增强心理育人意识和能力。教育者先受教育是思想政治教育的重要规律,心理育人教师要掌握相应心理育人知识与技能,增强心理育人队伍的"育心育人"能力,这是心理育人价值实现的必要条件。调查显示,当前大学生对心理育人的需求和心理育人教师的心理育人专业技能不足之间的矛盾比较突出。除心理健康教育专职教师外,辅导员、思想政治理论课教师、学科专任教师以及行政人员等普遍缺乏心理学专业知识和技能,给全员心理育人工作的有效开展带来阻力。因此,要针对不同心理育人教师,开展有针对性的学习和培训,完善知识结构,形成优势互补。

①心理健康教育专职教师。

加强心理健康教育专职教师的育人意识和能力培养十分重要,心理健康教育专职教师不仅要"育心",更要"育人"。

首先,要加强马克思主义理论学习,提高马克思主义理论素养。大多数心理健康教育专职教师是心理学专业背景出身,具有较强的心理学理论功底,但对马克思主义理论和思想政治教育理论的学习略显不足,育人意识相对淡薄。当务之急就是要全面提高心理健康教育专职教师的"育人"意识和能力。

其次,提高心理咨询技能,提高解决大学生心理问题的能力。心理健康教育专职教师急需增强心理咨询的技能,提高解决大学生心理问题的能力。当前相当一部分心理健康教育专职教师是心理学专业背景,绝大多数高校心理咨询中心挂靠学生工作处,除负责全校心理健康教育工作外,还要承担大量的行政事务,这在很大程度上影响着教师心理咨询与辅导技能的提升,特别是长期缺乏心理咨询培训和专业督导,是阻碍心理健康教育专职教师提升心理咨询技能的重要因素。因此,高校只有加强对心理健康教育专职教师的技能培训和心理督导,提高评估心理问题、解决心理问题以及心理危机干预能力,才能提高心理咨询的实效性。

②其他心理育人教师队伍。

首先,掌握谈话谈心技术。谈话谈心是心理育人的重要方法,是思想政治教育工作者必须掌握的技术。谈心谈话有利于促进教育者与学生之间的深度沟通,增进师生之间的情感联系,有利于更深层次了解大学生的思想心理动态。林崇德教授指出,谈心教育不是教育者对学生的简单说教和灌输,而是教育者在遵循学生主体地位基础上的教育引导过程。可见,谈话谈心是心理育人教师在尊重教育对象的基础上,充分发挥教育对象的主体性作用,采用合适方式对教育对象施加影响,让教育对象在内心深处主动接受教育者的观点,这个过程需要教育者掌握谈心谈话的技巧,其中最主要包括:一是掌握倾听技术和共情技术。耐心倾听学生,给予学生自由表达的空间,保持客观中立的态度不做评判。积极关注学生言语背后的需求,用真诚的态度给予恰当的回应,能够设身处地体会到学生的内心感受。二是掌握提问、澄清与复述技术。教育者要学会开放式提问和封闭式提问方式,聚焦和收集学生需求、问题和困扰;采用复述策略对学生的问题及时地澄清和效果评估。三是掌握情感反应技术,引导大学生探索和表达自己的感受并对情绪情感给予积极的支持。四是掌握情绪处理技术,引导大学生觉察情绪、接纳情绪和处理情绪等。同时,教育者还需要掌握谈话谈心中的基本原则,如平等、尊重、真诚、积极关注、不评判等,在遵循原则基础上开展谈话谈心。当然,教育者还需要详细了解大学生的基本信息,包括大学生的性格特点、家庭情况和心理状态等;要选择合适的谈话谈心时机,营造出一种温暖、放松的氛围,谈话谈心要注意保护大学生的隐私,遵守保密原则和职业伦理道德。

其次,掌握心理学与心理咨询相关知识与技能。辅导员等其他心理育人教师还需要掌握心理学、教育学、心理咨询和心理健康教育等基本相关专业知识,系统学习普通心理学、青少年发展心理学、教育心理学、心理咨询技术、学习心理学、健康心理学、临床心理学、思想政治教育心理学、心理测量学等心理学相关主干课程;掌握大学生心理发生和发展规律,熟悉大学生的个性心理差异和群体心理特点,研究新形势下大学生的思想和心理动态。此外,心理育人中的团体辅导技术以及心理危机干预与自杀风险评估技能等都是心理育人教师必须掌握的基本技能。如今,团体心理辅导的技术被广泛运用到班级建设和团日活动中,教师要掌握相关的班级团体心理辅导设计与实施技术,团体辅导带领技术,团体辅导中的关注技术、倾听技术、反馈技术和引导技术等;教师还要掌握大学生的心理危机干预技术和学生自杀风险评估技能,包括对学生心理危机识别、早期预防与预警、心理危机的介入以及自杀风险的评估等心理危机干预的技能。

(4)提升心理育人教师队伍的心理健康水平和人格魅力。

心理育人教师队伍的心理健康水平和人格魅力直接影响着心理育人价值实现的成效。实际上,教育者是心理育人价值实现的主体,心理育人教师是学生心灵成长的导师,教师自身的心理素质、一举一动都对学生产生潜在的影响。心理育人教师必须保持积极乐观的心态,具有相对稳定的心理状态,以平和、乐观、良好的心态对待学生,具备爱心、耐心和责任心,有较强的心理承受力,具备较强的自我心理调适能力。此外,心理育人教师的心理健康状况也会对大学生的心理健康产生直接影响,拥有健康的心态有利于构建和谐师生人际关系,给予学生积极、向上的鼓励和支持,对缓解教师的职业压力,提升教师的职业幸福感和职业成就动机也有积极的影响。心理育人教师还要保持高尚的人格魅力。高尚人格是学生学习的榜样,心理育人教师要加强自身的人格修养,严于律己,为人师表,以自身的人格魅力实现以"人格"滋养"人格",以"心"育"心"的心理育人效果。

2.全过程心理育人机制

全过程心理育人是将心理育人贯穿高校教育的全过程和学生成长成才的全过程,是一种持续性的心理育人机制。构建全过程心理育人机制就是要树立学生心理成长的全过程理念,把心理育人贯穿学生发展不同阶段,对不同年级、专业和群体大学生采用不同的心理育人方法,从知识、能力、价值维度纳入时间轴来设计心理育人工作,着力打造贯穿始终、纵横衔接大学生全面发展的心理育人链条。

(1)构建小一中一大一研一体化心理育人体系。

学生心理成长是一个不断发展的过程,在不同阶段有不同特点和表现,心理育人就是要根据学生心理成长的不同阶段构建起小一中一大一研一体化心理育人体系。当前中小学心理健康教育得到普遍重视,心理育人在中小学得到较大发展。然而,中学和大学的心理育人缺乏有机衔接,研究生的心理育人工作也相对缺失。因此,应尽快构建起小一中一大一研一体化心理育人体系。一是做好心理育人内容的衔接。高校应构建具有层次性和系统性的心理育人体系,从心理育人的目标、内容、任务等角度做好衔接,促进心理育人在小学、中学、大学、研究生阶段的有序进阶和有效衔接,选择适合不同阶段心理发展特点学生的心理育人内容,在传授心理健康知识的同时把价值观渗透到心理育人的全过程中。二是做好心理育人档案的衔接。应建立起小学、中学、大学、研究生阶段心理档案的衔接,特别是中学阶段、大学阶段和研究生阶段的心理档案的衔接。高校对学生入学前的心理档案缺乏了解,未能真正了解学生在入校前的心理健康状况,包括是否具有心理疾病史、心理咨询史、精神问题家族史、服用精神类药物史以及自杀史,这五类问题将影响学生入学后的心理健康状况。因此,要收集大学生入学前的心理健康状况信息,建立学生入学前的心理健康档案。三是做好大学生心理成长历程的关注。高校心理育人更加关注学生在校期间心理历程的变化,做好大学生在入学阶段、社会实践、毕业阶段、求职就业等关键时期的心理引导。要关注对大学生心理成长具有纪念意义的重要时刻。

(2)不同阶段的心理育人不断线。

心理育人教师要根据大学生所处的不同阶段和身心发展特点设计不同主题的心理育人内容,保证心理育人教育不断线。以辅导员在心理育人中开展生涯辅导为例。对大学生职业生涯辅导是心理育人内容重要组成部分。生涯辅导过程中应结合学生所处的学业阶段和面临的时代命题,从大学生肩负的使命与责任出发,引导大学生深刻理解个人与国家休戚与共的关系。大一阶段,辅导员应立足于新生所处的特殊适应阶段,开展新生专业学习教育,为大学生讲解常见的新生入学适应问题以及专业学业指导。大二阶段,辅导员开展职业发展方向教育,选取"知己""知彼"两个角度,引导大学生思考"要什么、能做什么、适合做什么",分析自己就业方向和所需具备的能力。大三阶段,辅导员可以"向左走或向右走?"为题,为大三学生做职业生涯规划选择教育,做好考研辅导。大四阶段,辅导员应以"用好面试技巧,助力求职就业"等为主题,开展面试前准备、面试礼仪与服饰、面试技巧应对、个人简历制作、求职心理、警惕求职陷阱、预防就业诈骗等培训或讲座助力学生的求职之路。一个心理主题的内容贯穿大学四年的全过程,在不同的阶段有所侧重,保证心理育人更切合大学生的心理需求,实现心理育人的不断线。

(3)抓住不同时间节点开展心理育人工作。

心理育人教师要重视在不同时间节点开展心理育人工作。在大学生认知发展的关键期,给予及时干预,因势利导,顺势而为,推动不同时间节点的心理育人能够渗透到大学生发展的全过程中。可结合国家倡导的节日以及特殊的时间节点开展相应的心理育人活动,利用新生入学教育、毕业季、世界睡眠日、525心理健康教育活动月、世界精神卫生日、中国传统文化节日、五一国庆升国旗等重要的时间节点进行心理育人。

3.全方位心理育人机制

心理育人全方位机制体现在时空维度和资源要素上的全方位融入,最大限度地整合心理育人资源,促进各类心理育人资源要素的有机融通,实现心理育人在课内与课外、线上与线下、校内与校外的无缝对接和全方位渗透。诚如前文所论述,打造"立体化"心理育人课程体系、创设"多元化"心理育人实践平台都是全方位心理育人的具体体现。这里全方位心理育人主要从构建全方位教育资源要素入手,挖掘课程、科研、文化、服务、资助、管理、组织等育人要素的心理育人资源,探索心理育人如何与"五育"育人体系全方位融入。心理育人与"五育"在教育内容和教育方式上相互包容、交叉渗透、互为补充。德智体美劳"五育"中蕴含丰富的心理育人资源,利用"五育"的契机来开展心理育人,促进各个不同育人体系的相互补充、各个育人要素的有机融合,在"五育"并举的新格局下实现心理育人的全方位渗透,是加快构建"五育并举"教育体系的必然要求。

(1)以德育拓展"心育"的深度,促进"以德育心"。

心理育人教师要树立"大德育"视野下心理育人的理念,促进心理育人与其他育人体系的深度融合。心理育人始终贯穿课程、科研、文化、服务、管理、资助、组织等其他德育体系。全方位育人就是要统筹这些育人资源,有机融入心理育人中。心理育人融入德育其他育人体系还有较大的探索空间。前文已有涉及心理育人与文化育人、课程育人、实践育人、网络育人的探讨,这里主要从心理育人与资助育人、管理服务育人、组织育人和科研育人四个层面展开论述。

一是以"资助育人"拓展心理育人的宽度。高校要促进心理育人与"资助育人"的融合。大学生资助过程中蕴含心理育人的资源,要促进资助育人质量的提升,把"扶困"与"扶志"结合起来,促进心理育人与资助育人的有机融合。诚从心理层面引导大学生克服自卑,激发他们努力改善自身生存状态的斗志。促进家庭经济困难大学生积极心理品质培育。要把关注视角从"关注问题"转向"关注优势",培养大学生乐观、感恩、自立、坚韧、自强、自立的积极心理品质;要激发家庭经济困难学生的成就动机,提高心理抗逆力,培养大学生锐意进取,树立为脱贫致富而努力奋斗的远大志向,不断提高应对挫折的能力。针对家庭经济贫困大学生容易出现的人际退缩、敏感、自卑等心理问题,设计相应的团体心理辅导和素质拓展活动,通过成长训练营、人际交往团体、自信团体等形式多样的活动,帮助家庭经济困难大学生树立自信、乐观的心态,积极促进资助育人和心理育人有机结合。

二是以"管理服务育人"提升心理育人的温度。促进心理育人与管理育人和服务育人相互融合,在管理育人和服务育人中渗透心理育人,不断提升心理育人的温度。管理育人中应制定各类人性化的管理措施,完善管理制度,体现出柔性化的管理过程,在管理目标设置、管理制度的建立以及管理过程中师生交往互动行为关系中都体现出"人文关怀""以生为本"的价值理念,不但使学校日常的运转有了体制、制度和组织上的保障,更营造出治理有方、管理到位、风清气正的育人环境,达到润物细无声的心理育人效果。服务育人主要是指通过向大学生提供服务的方式来达到育人的目的。在服务学生的过程中,教育者的服务态度、情感价值观对大学生产生潜移默化的影响。服务是一种付出和给予,是一种饱含情感的表达,是一种正能量教育,它有利于接近学生,走进大学生的心灵世界。心理育人过程实质上也是另一种形式的服务育人,心理育人过程也是服务大学生身心健康,促进大学生成长成才的过程。作为心理育人教师,要把服务育人的理念渗透到心理育人中,紧紧围绕着学生,关照学生和服务学生,把解决大学生的现实问题和心理问题结合起来,帮助大学生获得心灵成长和心理支持。实际上,心理育人和服务育人是一致的。在英国等西方国家对学生的服务体系中就包含心理咨询与辅导的部分。

三是以"组织育人"提高心理育人的高度。高校利用开展组织育人的契机,有机融入心理育人,把心理育人与组织育人结合起来。通过组织育人活动的开展,引导师生加强党的理论学习。以心理育人为切入点,在党组织的建设中融入心理育人的价值理念,把心理咨询服务、团体辅导、素质拓展等形式融入党组织建设中,发挥心理育人在党组织中的凝聚人心的作用。以师生党员的心理健康提升和心理建设为目标,做好师生党员心态建设,为师生党员提供心理健康服务,开展师生党员的心理疏导、职业心理辅导,做好师生党员的团队建设,开展爱心公益活动,不断增强师生党员的归属感,提升党组织的凝聚力,促进心理育人和组织育人有机融合。

四是以"科研育人"拓展心理育人的广度。新时代教育要重点培养创新型人才,科研是培养大学生创新素质和提升创新能力的重要途径,是高校立德树人的重要载体之一。在科研育人中,学科专任教师、班主任和导师应发挥出更多积极带动和引领作用。它不仅有助于培养大学生严谨的治学精神,激发大学生的创新思维和创造力,促进大学生健全人格的形成和坚韧不挠意志品质的培养;也有利于激发大学生的积极性和创造性,提高大学生自我效能感,克服畏难情绪和挫败感,树立积极良好的科研心态,把科研优势转化为心理育人优势。高校应树立正确的科研导向和科研评价体系,增强大学生科学研究的意识,组建科研团队、设立科研专项经费、健全科研激励机制、向大学生开放科研项目,鼓励大学生参与课题申报,参加科研创新大赛和学科竞赛,全方位营造浓厚的科研氛围,为大学生科研提供良好的平台。

(2)以智育拓宽"心育"的广度,促进"以智育心"。

智育是教师向学生传授科学文化知识和技能的教育活动,它广泛地渗透在各个学科的教学中。智育对心理育人的促进作用通过"课程思政"表现出来,大大拓展了心理育人的广度。智育有利于促进个体心理健康的发展,在各种智育活动过程中促进个体认知、情绪、行为、意志等个性心理发展,各种智力活动也促进个体记忆、想象、思维能力的发展。学校对个体进行系统的知识传授能让个体更好地认知世界,以积极的视角看待世界;智育活动中的知识传授在一定程度上可以提高个体心理健康知识,教授大学生调适自己的心理,从而为大学生心理健康和促进大学生成长提供可能性。其次,智育有利于促进个体的社会化和人格发展。智育活动中的社会实践在促进学生提高知识技能的同时,大大促进了个体社会化和人格发展。智育活动创造了师生的交往空间,更好地做到以情化人、以情育人,促进教育者与教育对象、教育对象之间的互动和交流,构建起有效的人际互动模式,让育人回归现实的生活世界,促进智育转化为心育。

(3)以体育提升"心育"的效果,促进"以体健心"。

体育具有增进身心健康和促进心理调节的重要价值。体育可以提高身体抵抗力,调节人体运动中枢神经,缓解和消除个体大脑疲劳,有利于提高脑力劳动的效率,使个体的注意力、记忆力、观察力、想象力和思维能力等得到发展,让个体形成积极健康的身心状态,为学习和生活提供重要的基础性保障。体育还有利于培养大学生的竞争意识、耐力和意志力,增强团体凝聚力和社会适应能力;在体育运动中培养个体的自尊心、自信心,养成团结协作、开拓进取、顽强拼搏、自强不息、乐观开朗的良好个性心理品质和精神风貌;在体育活动中获得良好的人际交往体验,感受着成功与失败、勇敢与胆怯、快乐与痛苦、优势与劣势等多种心理体验,对提高个体认识生活、认识社会的能力,推动个体社会化进程等具有重要作用,在锻炼大学生身体的同时促进大学生心理发展,全面提升大学生的身心健康素质。因此,要利用好体育的活动形式,鼓励大学生多参加各种类型的体育活动。此外,还可以在一些校园文化活动中开展相关活动,如举行大学生运动打卡活动,举办大学生趣味心理运动会,通过这些体育活动锻炼大学生的意志品质,大大提高大学生的心理健康水平。

(4)以美育丰富"心育"的形式,促进"以美润心"。

美育具有塑造美好心灵和高尚人格的价值,它有利于帮助大学生掌握审美知识,培养大学生的审美能力,形成发现美、感受美、欣赏美和创造美的知识和能力;塑造积极向上的审美情趣、审美态度和审美观念,促使大学生学会用美的态度去对待生活、自然、社会、他人和自己,提升自己的心灵美。在美育中发展大学生对美的感知能力、形象思维和创造性思维,以富有创造力、亲和力和感染力塑造大学生美的人格。美育对心理育人的价值还体现在其"心理治疗"上,运用艺术、雕刻以及视觉艺术中的方法和技术使来访者能够更好地进行情绪表达,有利于促进对大学生的心理疗愈。高校应利用美育丰富多彩的形式,满足大学生日趋强烈的审美心理需求,以其创造力、亲和力和感染力影响着大学生的心灵成长,塑造大学生"美"的人格。事实上,绘画具有重要的心理治疗意义,通过举办心理漫画大赛、心理涂鸦大赛等校园心理文化活动,让大学生在绘画中学会宣泄释放情绪,缓解压力;在绘画中学会表达,化解困惑;在绘画中提高自己发现美和欣赏美的能力,从而获得美的享受。

(5)以劳育拓宽"心育"的厚度,促进"以劳强心"。

劳动教育中蕴含丰富的心理育人资源,劳动教育具有人格塑造、身心健康、意志品质磨炼的心理育人功能,有利于拓展心理育人价值实现的路径。高校要积极探索在劳动教育中实现心理育人的路径,利用劳动教育丰富的活动形式来拓展心育的广度。高校要鼓励大学生参加各种类型的劳动实践活动,走进社区、企业、部队、乡村,投身伟大的社会实践,在劳动中获取真知,磨炼自己的意志品质。高校可邀请劳模代表、杰出校友结合自身的学习、生活和工作经历,通过主题讲座、沙龙等形式,为大学生诠释劳动精神、工匠精神,以自身成长经验和阅历促进大学生心智的成熟与成长,对大学生起到榜样激励的作用。专业课程教师要注重在课堂教学、实验设计、自我学习等教育环节鼓励大学生通过付出辛勤劳动,掌握更多的专业本领,在刻苦学习过程中不断完善自我、塑造自己,形成自信、自律的心理素质。高校还可以把大学生的自我服务体验和集体劳动体验结合起来,提升大学生的自我管理和自我服务能力。

(四)开展家庭教育,促进家校联动合作

家庭是最早影响学生成长的场所,家庭对学生品德修养的形成、健全人格的培养和健康心理的发展以及正确价值观的塑造意义重大。家庭在孩子一生成长中的作用至关重要。家庭父母教育方式、家风家训等对孩子心理成长产生深远影响。父母要重视家风家教建设、家庭美德教育,营造良好的家庭教育和成长氛围,为个体健康成长提供良好心理氛围,为高校心理育人价值实现提供良好的家庭心理环境。

1. 父母要重视家风家教,奠定心理育人的家庭精神基因

父母要重视家风建设,弘扬中华优秀家庭美德,筑牢新时代心理育人的家庭根基。家风的心理育人价值体现在对孩子理想信念形成、道德人格塑造、健康心灵涵养、树立正确价值观以及积极行为激励上。良好家风家教将全方位地影响学生成长成才和健康成长。"爱"是人类最为珍贵的情感,是维护家庭和社会和谐的情感基石;人性中至善至爱的情感深根于

家庭,在家庭中培养起孩子感受爱、学会爱和培养爱的能力,实现爱自己、爱他人、爱家乡、爱祖国的统一。可见,优秀家风是引领家庭教育的重要思想资源,父母要把握优秀家风的思想精髓,采用知识传授和日常生活场景教育、亲情感化和严格家规等方法,通过家书、家规、家训、诗词、实物等传承载体,采用灵活多样的家风教化方法教育孩子,形成自己家庭独特的家风和家教方法,奠定心理育人的家庭精神基因。

2.父母要树立心理育人意识,关心关爱孩子的心理健康成长

当前,相当一部分大学生心理问题来源于不恰当的教育方式,孩子在成长过程中缺乏必要的心理关爱,早期童年经历给孩子造成的成长性创伤是不可逆转的。父母的人格特点、品德修养、沟通态度、情绪情感等都是重要的心理育人元素。因此,父母要树立心理育人的意识,学会从心理育人的视角来教育孩子,以人文关怀的精神理念,关注孩子的情感、思想、精神方面的内在需求,为孩子提供更多的关爱、鼓励、信任和心理支持;促进家庭成员之间的相互沟通与情感传递,对孩子的内心世界给予更多关注、理解与接纳。父母只有对子女多理解和多支持,建立起有效的亲子沟通模式,与子女共同面对问题、分析问题和解决问题,才能真正地促进孩子身心健康成长。当然,父母要不断学习先进的家庭教育理念和方法,促进自我成长,提高自己的文化修养和素质,参加家庭教育方面的相关讲座和培训,学会应用心理学的知识加强对孩子的心理疏导,掌握亲子沟通的方法与技术,给孩子有质量的陪伴和有效的引导,只有这样才能最大限度地关心关爱孩子的心理健康与人格成长,发挥出父母在心理育人中的作用。

3.高校要积极推进心理育人的家校合作,完善家校沟通机制

高校要积极建立家校沟通合作机制,促进心理育人的家校协同合作。高校应深入家庭开展心理育人宣传与教育,针对学生家长职业多元、学历层次不同以及分布地域广泛的特点,高校要利用多种平台,本着全过程、多元化和渗透式的理念,积极打造家庭心理育人为主题内容的新媒体平

台,利用微信、微博、短视频等形式为家长普及心理育人的知识,增强家长心理育人的意识,让家庭心理育人观念深入家长心中,使家庭成为真正能够影响学生成长的重要场所。面向不同类型学生家长构建三个层面的家校协同心理育人策略。

第一层面面向全体家长。高校应面向全体家长开展预防性教育,抓住新生入学契机,通过开展家庭心理育人讲座和新生家长心理座谈会等形式,向家长宣传和普及心理健康常识,加强普法宣传和家校协作技能培训,增强家长的心理育人意识和家校沟通意识;建立学校—家庭双向沟通机制,学校层面开通家长心理咨询热线,搭建家校沟通平台;建立学生学业预警和心理问题预警机制,及时把大学生的学习和心理状况与父母沟通;建立学生家长微信群或工作群,及时把大学生在学校的学习、工作和生活情况跟家长沟通;邀请家长参加学校举办的各种活动,增加家长对学校的认同感和归属感;向家长发放调查问卷,建立大学生家庭心理档案,了解大学生的家庭情况、出生情况、亲子关系以及心理健康状况,了解大学生的精神疾病史、心理咨询史和服用精神类药物史以及自杀史等。利用学校开放日、新生开学典礼、毕业典礼等契机,通过致父母一封信或是辅导员家访等形式和活动,真正建立起家校之间的沟通与合作纽带,把心理育人理念和方法渗透到家庭中。

第二层面针对一般心理问题的学生家长。高校应该建立特殊大学生家校沟通机制。针对一般心理问题的大学生家长,建议辅导员要与学生家长定期沟通,及时把大学生在学校里的思想、心理、学习、生活状况反馈给家长;教授家长与学生沟通的方法和技巧,增加亲子情感沟通和联系,给大学生足够的关心和关爱;建立家校联系机制,做到及时跟踪和反馈,深入沟通和探讨解决学生心理问题的策略。

第三层面针对严重心理异常的学生家长。高校要完善心理危机干预中的家校协同联动,针对严重心理问题学生家长,应立即通知家长到校履行监护责任;共同商讨应对学生心理问题的方法,做好与学生家长的沟通;采取休学治疗、父母陪读等方式,促进家长履行监护职责;做好学生家长心理疏导,在最大程度上获得学生家长的信任与支持,营造出良好的家校协作氛围。对于不配合的家长,高校应采取积极有效的措施,必要时可通过法律的手段寻求问题的解决。

四、强化价值导向探索本土化的心理育人特色模式

高校心理育人要突破原有定式思维,真正地把"育心育人"结合起来,构建具有中国"本土化"特色的心理育人价值引领新模式。应突出心理育人的价值导向,这是促进新时代高校心理育人价值实现的核心和关键。

(一)促进内容优化,突出心理育人内容的价值导向

要促进新时代高校心理育人价值实现,就要优化心理育人的内容供给,促进其与价值观教育的深度融合,把它渗透到心理育人的各个环节中,这也是心理育人本土化特色的表现。

1. 在学习心理辅导中提升学习能力,树立正确的学习观

学习心理辅导是心理育人内容重要组成部分,学习心理困扰是大学生常见的心理困扰。在心理育人实践中发现当代大学生对学习存在包括学习动机不足、学习动力不强、学习方法不当、学习效果不高等种种学习心理困扰,其核心是学习观缺失。新时代高校心理育人中除了要教会大学生学习的方法,掌握学习规律和学习策略外,更要引导大学生树立正确的学习观。

首先,教师在心理育人中要指导大学生深刻理解新时代学习的内涵。从实现国家梦、民族梦和个人梦,从实现个人价值和社会价值的高度去引导学生理解学习的含义,更好地激发大学生学习动机。他要求大学生要树立梦想从学习开始、事业靠本领成就的观念,让勤奋学习成为青春远航的动力,让增长本领成为青春搏击的能力。

其次,为大学生掌握学习方法和路径提供指引。学习有理论知识的学习,也有实践知识的学习,兴趣是激励学习的最好老师。这些重要论述

深刻指明大学生学习的路径,指出学习需要坚韧不拔的毅力和持之以恒的态度,要勤于思考把学习与实践有机结合起来。此外,大学生在学习过程中要掌握良好的思维方法。

2. 在积极行为教育中淬炼积极行为,形成正确的奋斗观

心理育人活动是改造人的精神世界的实践活动,要注重在心理育人过程中加强对大学生积极行为引导,融入世界观和人生观内容,引导大学生追求梦想,激励人生斗志,这是新时代心理育人内容的重要组成部分。

首先,教师要帮助大学生找准人生目标,树立积极人生态度。人生观是世界观的重要组成部分,主要包括对人的本质、人的生存方式的研究,对人生目的的思考、人生价值的理解,具体地表现为对生死、祸福、荣辱等问题的看法。高校要在心理育人过程中积极融入人生观教育的内容,引导大学生找准人生目标,树立乐观向上的人生态度,以积极进取的心态投入中华民族伟大复兴中国梦的实践中。

其次,要引导大学生树立奋斗的人生价值观。早在延安时期毛泽东就提出"永久奋斗"的要求,不断地强调全党要发扬不懈奋斗的精神,勇于奋斗是我党优良传统。在心理育人的过程中,要激励大学生勇于奋斗,勤奋刻苦,将奋斗内化为一种精神品格,形成磅礴的力量,在实践中去展现积极的奋斗行为。

(二)突出答疑释惑,构建心理—价值咨询特色模式

心理咨询是高校心理育人中重要的实施途径。新时代高校心理育人要在心理咨询过程中加强对大学生的价值引导,实现心理咨询模式的转变。张耀灿指出,在建构基于思想政治教育的发展性心理咨询模式和方法时,理应把社会主导的价值观积极介入到心理咨询中,帮助个体澄清价值追求和心理困境。"滴灌"方法为心理价值咨询提供了重要的方法论指导。实际上,"滴灌"过程与心理咨询过程有诸多相似之处,在心理咨询中,教师要对大学生的问题有精准的把握,力求做到了解大学生问题的症状表现以及问题产生的症结,针对大学生的具体问题,精准地实施引导和干预,实行"靶向治疗",把大学生需要的"养分"像"水滴"一样"滴"到学生的心田中,潜移默化地影响和疗愈大学生的内心世界,完成对大学生的"靶向治疗"。新时代高校心理育人要从传统的心理咨询向滴灌式的"心理—价值"咨询模式转变,发挥心理育人的价值导向作用,从更深的层面为大学生答疑释惑。

所谓"心理—价值"咨询是指在借鉴传统思想政治教育疏导、心理咨询理念和方法的基础上,不仅要解决大学生心理层面的问题,更要从心理层面介入,采用"滴灌式"方法解决大学生价值观层面的困惑,对来访大学生进行价值引导,为大学生答疑释惑;大学生价值困惑的解决反过来对其心理问题的解决起到积极正向的助推作用。这是一个双向作用的过程,一个"育心"到"育人"的过程。心理—价值咨询模式正是为解决存在于实践中的大学生的心理问题和价值观问题交织在一起的现实问题而创设,针对问题靶向为大学生答疑释惑,解答大学生心理和价值观的困扰是核心和重点,把树立正确的价值观和塑造美好心灵结合起来,真正达到心理育人的目的。本土化特色的滴灌式"心理—价值"咨询模式具体包括以下过程:

1. 建立关系收集资料,奠定咨询的心理基础

心理育人教师要与大学生建立良好的咨询关系以进行资料收集,这是心理—价值咨询的第一步,为实施"精准滴灌"做好充分的准备。在这个阶段,更多要遵循心理咨询中的价值中立原则。教师要尊重和了解大学生的价值取向,不对大学生做道德上的评判,与学生建立良好的关系,这是心理—价值咨询的前提基础。心理育人教师要采用尊重和真诚的态度,通过无条件的积极关注、倾听和共情与大学生建立良好的信任关系,这是一种相互理解、平等对话和真诚沟通的过程。倾听是建立在接纳基础上积极地听,认真地听,关注地听,表现出对求助学生的启发、引导、支持和鼓励的态度。倾听时可适当通过言语或非言语反应对大学生做出回应。共情是站在大学生角度去理解学生,设身处地、准确理解和把握大学

生的内心世界,促进师生之间的互动交流,让大学生感受到自己是被理解和接纳的,为大学生做深入的自我探索和自我表达奠定基础;尊重是本着对大学生信任和保护隐私的原则,用欣赏和接纳的态度来看待大学生,尊重大学生的价值观和生活方式;热情是对大学生表达出积极、主动、友好的情感或态度,有利于缩短与大学生的心理距离,增进情感交流,消除与大学生的心理隔阂,减少大学生的心理防御。

在这个阶段心理育人教师要向大学生说明咨询的目的和意义、咨询设置以及保密原则,对咨询的性质、限度、角色以及特殊关系等向学生做出解释说明。在收集信息环节,教师要收集包括年龄、班级、家庭情况及社会生活背景、自身的生活经历、兴趣爱好、人际关系、学习生活近况及有无心理咨询经历或相关病史等基本信息。要深入了解大学生问题的症状表现、困惑点以及学生对咨询的期待。在咨询的初始阶段,心理育人教师要遵循心理咨询中的"不预设、不分析、不批判、不建议和不干预"原则,对大学生的问题不带自己主观的预设或产生偏见;不做过度的分析解释或做出道德性评价;不过早给予解释或过早给出建议或干预。对大学生采取价值中立的态度,不对大学生的价值观作出评价,避免把自己的思想观念或价值观强加到学生身上。

2. 开展价值观的引导,完成价值观的塑造

对大学生进行价值引导,完成对大学生价值观塑造是心理—价值咨询的关键阶段,是实施"靶向治疗"的重要环节。心理育人教师可以运用语言、图像、文字等各种媒介,在了解大学生的家庭状况、生活环境、文化背景以及心理、思想、价值观的基础上,对大学生进行有针对性的价值引导,帮助解决因价值观困惑而引发的各种心理困扰,这是一种在大学生具有咨询动机的前提下开展涉及价值观咨询的活动,是一个价值引导的过程。开展价值观引导,在解决心理问题的同时完成对大学生的价值塑造至关重要,具体分为四个步骤。

(1)价值探索,引导大学生做价值思考。

心理育人教师要帮助大学生透过心理困惑的症状和表现,找到其心理问题或困扰背后的根源,进一步帮助大学生分析其心理问题背后所涉及的价值观影响因素,这是一个引发大学生价值思考的过程,也是一个呈现价值冲突的过程。心理育人教师要以启发式提问引导大学生对自己心理问题产生的冲突做内在思考。

在这个阶段,教师主要是应用心理咨询中的面质、具体化、内容反应、情感反应、解释、指导、内容表达、情感表达、自我开放等心理咨询技术,帮助大学生认识和探索自己的价值观念,找到心理问题背后的根源,不仅要帮助大学生做好价值探索,也要让大学生习得价值观探索的方法,为日后能迁移应用做好准备。当然,教师在面对学生价值观冲突时,要给予一定的价值困惑回应。心理育人教师要抓住机会适当回应大学生的困惑,尝试与大学生一起分析心理问题背后的价值观根源,同时要正面为大学生解答价值困惑。对价值困惑的回应是思想政治教育释疑解惑本质功能的体现。

(2)价值判断,引导大学生做价值辨析。

心理育人教师要通过与大学生的平等讨论、启发和深入交流,让大学生发现和觉察自己内心深处的价值观,帮助大学生认清自己价值观的实质,分析和了解自己产生心理冲突的内在根源,引导大学生做进一步的价值判断。在价值判断阶段,教师要引导大学生做深入的思考。在作价值判断时,教师要坚持以社会主义核心价值观为根本遵循和判断尺度。价值判断是当个体面对内心的价值冲突时,要基于一定的道德标准和价值观尺度做出的判断,让大学生明白什么是正确的,什么是错误的;什么是主流社会价值观所倡导的,什么是主流社会价值观所不容许的,明白是非曲直的价值观判断标准。

在这个阶段,教师可以应用心理咨询中的提问、自我审查、识别自动思维、真实性验证、语义分析等心理咨询技术去引导大学生分析自己的价值观,与原有价值观做"辩论",从而改变自己的价值观念。心理育人教师要有意识地向大学生传递社会主流的价值观,让社会主流价值观渗透进大学生的内心中,引发大学生的思考,从而对大学生产生潜移默化的影响。当大学生原有的价值观与自己的价值观或社会主流价值观不一样时,心理育人教师要避免因价值观不同而给大学生造成伤害或是对大学生流露出偏见、厌恶等态度,真诚平等尊重的态度要贯穿价值一咨询全过程。

(3)价值选择,引导大学生做出价值取舍。

在价值选择阶段,心理育人教师要尊重大学生选择自己价值观念的能力和权利,但要引导大学生自主做出符合社会主流价值取向的选择,引导大学生对原有的价值观做进一步取舍,也可以是呈现新的价值观,让大学生对新的价值观进行选择。尊重大学生的自主选择是有底线的,就是要以社会主义核心价值观为基本参照和基本准则,不是放任大学生进行自主判断的选择,而是基于正确的价值引导来帮助大学生解决自身存在的价值困惑,让大学生能够做出符合社会主流价值观的选择。

(4)价值塑造,引导大学生做价值内化。

价值塑造的过程实质上是大学生对价值观认同和内化的过程,这是一个内在心理建构的过程。教师在引导大学生做出价值判断和选择后,要促使大学生做进一步的价值认同,只有真正做到价值认同和内化,自觉地把新的价值观念纳入自己的认知结构和价值体系中,才能促使原有的价值观发生变化,促进新的价值观形成。教师不仅要关注大学生价值观塑造的结果,更重视大学生价值观的形成过程,价值塑造的过程也是在价值澄清、判断和选择的过程中形成自己新的价值观的过程。只有自觉地把新的价值观念纳入自己的认知结构和价值体系时,价值内化才真正得以实现。当然,新的价值观形成会有阻力,要做出改变是困难的,甚至会有反复。因此,心理育人教师要持续对大学生给予"滴灌",耐心地倾听,让大学生能够深刻地领悟新的价值观,建立起积极健康、乐观向上、符合社会主流价值观的价值体系,从而提升自己的思想境界。

在这个阶段,心理育人教师可以采用强化、激励、榜样示范等方法,对大学生形成的新的价值观给予肯定,引导大学生坚信新的价值观对自己成长的意义,启发大学生思考在新的价值观引导下对自己未来做出积极规划,并做好运用到实践中去的心理准备。

(三)价值观外化,运用到具体的生活场景

在大学生真正把价值观内化到自己价值观念体系后,新的价值观还需要进一步外化为实践,鼓励学生把价值观运用到自己日常的生活实践中,这里主要是运用新的价值观去调适自己的心理困扰,并指导自己的外在行为。心理育人教师要引导来访大学生在提高自由选择能力,敢于承担责任的基础上积极采取行动,积极地改变自己。

第八章　高等教育育人机制的创新发展

第一节　基于协同理论的
高等教育育人机制创新

一、高校协同育人的概念与理论依据

(一)协同育人的概念

协同育人是以协同理论为基础发展而来的,所以要理解协同育人,首先需要了解协同理论。协同理论是赫尔曼·哈肯最先提出的,他认为协同系统是在远离平衡状态的开放系统后,与外部环境发生能量和物质的交换时,可通过内部协同的相互作用,自发性地呈现在空间、时间及功能方面的有序结构①。由协同理论可知,系统整体作用的发挥是由各子系统的协同性决定的。协同性越强,整个系统所能发挥的作用越大;反之,协同性越弱,整个系统的秩序性越差,其所发挥的作用也就越小。因此,各子系统间的协同至关重要。

在对协同理论有了一定了解之后,便可以进一步针对协同育人进行剖析。关于协同育人,不同的学者有不同的解释。高校育人系统是由诸多子系统组成的,各子系统间只有形成协同效应,才能使高校育人工作达到最佳的效果。

---

① 许登峰,甘玲云.西部民族地区战略性新兴产业协同创新研究[M].北京:中国科学技术出版社,2020:13.

(二)协同育人的理论依据

1.协同论

协同论是协同育人最重要的一个理论基础,是由赫尔曼·哈肯最先提出的。协同意指开放系统中各要素相互作用、相互配合、协调协作,形成拉动机制。因此,协同的结果往往是积极的,它能够使整体以及整体中的各个系统受益,并产生"1+1>2"的效果。高校育人作为一个复杂的系统,各子系统间存在着紧密的联系,只有通过多层次、多方位的渗透互动活动,形成育人的最佳合力,才有助于高校育人目标的实现。

2.系统论

系统论也是协同育人一个重要的理论支撑。系统论认为,系统是由若干要素构成的一个整体,通过分析系统的结构、特点、行为以及各要素间的关系,可以对整个系统的一般模式、结构和规律形成更加深入的认知。系统思想源远流长,但作为一门科学的系统论,人们公认是美籍奥地利人、理论生物学家 L. V. 贝塔朗菲创立的。他在 1932 年发表了"抗体系统论",提出了系统论的思想。之后,在 1937 年提出了一般系统论原理,奠定了这门科学的理论基础。系统论的核心思想是系统的整体观,即任何系统都是一个有机的整体,组成这个有机整体的各个要素并不是简单地相加在一起,每个要素都处在一定的位置上,并发挥着一定的作用,同时,各要素之间相互联系,共同构成了一个有机的整体。高校育人也是一个有机的整体,各要素间协同互动,共同为高校育人目标的实现而服务。

二、高校协同育人机制构建的原则

高校协同育人机制构建的目的是使各子系统间相互协调、相互促进,从而进一步推动高校育人目标的实现。协同育人机制的构建并不是随意设计和推行的,而是要遵循一定的原则。具体而言,高校协同育人机制构建应遵循的原则主要有如下三点。

(一)导向性原则

高校协同育人机制构建的导向性原则主要体现在两个方面:一是政

治导向;二是实践导向。政治导向是指在构建协同育人策略时要始终与我国社会主义社会的指导思想、主流意识以及发展要求相一致。教育是在国家发展的框架下开展的,所以一切教育策略的实施都需要以国家的发展为导向,这样才能在大方向上确保高校协同育人机制的正确性。实践导向是指高校协同育人机制的构建应该将实践育人融入其中。课堂育人和实践育人是高校育人的两个重要途径,两者是相互促进、相辅相成的关系。而协同育人工作的实施不能仅仅停留在理论认知层面,还需要充分发挥实践育人的重要作用,从而在理论和实践的协同下进一步提高高校协同育人的成效。

(二)中心性原则

中心性原则是指高校协同育人机制的构建要以学生的全面发展为中心,这也是高校育人的重要目标。要使学生获得全面的发展,在育人活动中就要以学生为中心,具体体现在两个方面:一是充分发挥学生的主体作用;二是尊重学生的发展规律。笔者在前文多次指出,学生是高校育人活动中的主体,只有真正激发他们的主观能动性,并使他们积极参与到育人活动中来,才有助于达到更好的育人效果。在协同育人模式中也是如此,无论通过怎样的方式协同、协同哪些主体,学生始终都应该是教育的中心。此外,大学生客观上存在着差异,每个学生都有自身的发展规律,教师要尊重学生的身心发展规律,并将其与社会发展和教育发展的阶段性、规律性结合起来,从而使每一个学生都能够获得良好的发展。

(三)动态性原则

高校协同育人机制并非一成不变,随着外部环境以及内部环境的变化,高校协同育人机制也要随之变化。因此,高校协同育人机制的构建应遵循动态性的原则。其实,高校本身就具有开放性的特点,而且协同理论指出的系统也是开放的,所以在系统发展的过程中,始终在与外部进行能量的交换,而当外部能量发生变化时,必然会对系统产生影响,进而引起系统的变化。需要注意的是,这种变化并不总是积极的,因为社会环境中也存在一些消极的因素,这些因素同样是外部环境能量的一部分,会对高校产生消极影响。因此,面对社会环境中的一些消极因素,高校应注意甄别,尽可能避免消极因素的影响,从而使高校协同育人机制始终朝着正确的方向进行动态创新和动态变化。

三、高校协同育人机制构建的方向

(一)加强人员之间的协同

人是高校协同育人中最核心的要素,所以协同育人机制的构建应以人为基础,实现多元主体协同,进而真正实现全员育人。具体来说,人员之间的协同可以通过个体要素建设和群体关系要素建设来实现。

1. 个体要素建设

在个体要素建设中,可将参与高校育人的所有人员分为管理主体、实施主体、接受主体(实践主体)和支持主体四类。个体要素建设的目的就是让各主体加强对自身角色的认识,从而更好地发挥个体角色作用,并为各人员之间的协同奠定基础。

(1)管理主体。管理主体主要指党政干部和共青团干部。党政干部发挥领导作用,主要站在宏观角度对协同育人工作进行指导,共青团干部主要是配合党政干部的工作。需要注意的是,作为管理主体,他们要尊重其他人员的参与权和知情权,让每一位参与者都能够认识到自身存在的价值,这样才有助于调动各人员参与的积极性,也有助于各人员间的协同。

(2)实施主体。实施主体主要指班主任、辅导员和任课教师。无论是通过课堂教学的形式,还是通过课外实践的方式,班主任、辅导员和任课教师都是主要的实施主体,他们负责活动的组织和实施。在这一过程中,实施主体要以管理主体确定的育人方案为指导,同时凸显学生的主体性,尊重学生的发展规律,从而使学生获得良好的发展。

(3)接受主体。学生是接受主体,其接受性主要体现在对教师组织的接受上,学生同时是实践主体,他们在实施主体(班主任、辅导员、任课教师)的引导下,参与到育人活动中,通过自己的参与、实践获得综合素质和综合能力的提升。

2.群体要素建设

在现实中,人不是孤立的,而是广泛联系的,并在广泛联系中形成稳定的社会关系①。在高校育人体系中,各人员之间也不是孤立的,他们存在着紧密的联系,而加强人员协同的目的就是要使这种联系进一步凸显,从而在群体协同的作用下提高高校育人成效。在群体要素建设中,为了促进各人员间的协作,至少需要做到两点。

第一,各人员间建立一致的目标。在高校育人体系中,不同的人员都有自己的"子目标",在此基础上,各人员还应该建立一个共同的目标,这样有助于各人员间达成共识,进而促成价值认同,并实现行动的一致。

第二,确立公共规范。在协同育人机制中,各人员都会参与其中,为了约束各参与人员的行为,需要确立公共规范,这样有助于保障协同育人体系的运行。

(二)加强部门之间的协同

部门协同是从宏观上完成高校协同育人工作。要想实现有效的部门协同,需要各部门充分发挥其职能,形成和谐的协作关系,最终形成系统的部门协同育人体系。

1.发挥各部门职能

在高校育人工作中,各部门都承担着一定的职能,在各部门协同的过程中,各部门应注重自身职能的发挥。比如,党务群团部门是核心部门,发挥管理职能,主要负责高校育人工作的提议和宏观管理;各学院是高校育人工作的主要执行者,主要负责基础部门的思想工作,并在党务群团部门的指导下开展育人工作。无论哪个部门,在高校育人工作中都是不可或缺的,它们只有充分发挥自身部门的职能,才有助于各部门协同工作的推进。

2.各部门形成通力关系

高校各部门之间虽然职能不同,但职能与职能之间却是紧密联系的,

---

① 王学俭.现代思想政治教育前沿问题研究[M].北京:人民出版社,2008:62.

只有各部门间形成通力协作的关系,才能使其职能得到进一步的发挥,进而推动高校育人目标的实现。为了促进高校各部门间的协作,至少需要做到以下两点。

第一,各部门确立一致的目标。虽然各部门都有自身的职能,也有其"子目标",但总体目标是一致的,就是使学生实现全面发展。对此,各部门之间应进一步明确总体目标,以便"劲往一块使"。

第二,制定部门协同育人的制度规范。高校可以通过激励、处分等制度提升各部门参与的积极性,同时培养各部门人员的团队意识,保障部门协同育人的有效进行。

3.综合机制建设

综合机制建设的目的是促进各部门间更好地协同,主要包括领导机制建设、监督机制建设和评估机制建设。

首先,要强化领导机制,这是保证协同育人机制朝着正确方向前进的根本,因为领导部门的职责就是在宏观上进行把控。

其次,要强化监督机制,其作用是加强对各部门的监督,以便督促各部门职能的发挥并促进各部门间的协作。

最后,要强化评估机制,其作用是对协同育人工作的成效进行评估,然后结合存在的问题进行调整和修改,从而使协同育人机制不断趋于完善。

第二节　基于生态学的高等教育育人机制创新

一、生态学与教育生态

(一)生态学

生态学是指研究生物与生物以及生物与环境之间相互关系的科学。在生态学中,有几个非常重要的概念:生态系统、生态平衡和生态位。生态系统是指在一定空间内生物与环境构成的自然、开放的生态学基本单位,其中各种生命现象之间在生存过程中相互竞争、相互作用、相互依存,形成健康有序的状态。生态平衡是指一定时间内生态系统中的生物与环境之间、生物各个种群之间,通过能量流动、物质循环和信息传递,使它们相互间达到高度适应、协调和统一的状态。生态位是指物种在生物群落或生态系统中的地位和角色。生态位的概念和理论,可以在人类的多种社会生活领域找到相关的契合点,因此借用生态位概念来加以描述和考察人类的社会生活,有时会变得更加简洁和便利。

(二)教育生态

生态学不仅是一门研究生物之间及生物与非生物环境之间相互关系的学科,也是一种可以广泛运用到各个领域中的思维方法。教育作为一个复合系统,借用生态学的理论去研究教育相关的问题,是一个非常有价值的学术趋势。的确,就当前教育发展的现状来看,构建教育生态系统是21世纪教育的一个重要课题。所谓教育生态系统,就是以生态学中的一些理论为基础,将教育看作一个系统,该系统由人—教育—环境组成,并且该系统结构复杂,宏观微观相互渗透、动态静态有机融合。需要注意的是,教育生态和生态教育是两个概念,生态教育指的是以生态意识培养、生态道德建设和生态知识普及为目标的教育,使受众形成生态自然观、生态世界观、生态伦理观、生态价值观、可持续发展观和生态文明观,最终实现人类、社会、自然的和谐发展。教育生态则是站在生态哲学的视域下所发展起来的一种教育状态。

二、高等教育生态学育人机制的构建

(一)课程育人

1. 课程育人的概念

课程是高校育人的重要载体,学校通过开发、实施相关的课程,实现育人的目标。当前,我国主要实行国家课程、地方课程和校本课程并行的三级课程体系,国家课程和地方课程是高校必须完成的法定课程,校本课程是高校结合自身教育理念制定的课程,具有本校的文化特色。课程育人就是通过课程(包括国家课程、地方课程和校本课程)这一载体开展育人活动,并实现育人的目标。

2.课程育人的注意事项

在实施课程育人的过程中,要保障课程育人的成效,需要注意以下三点:

第一,课程育人要坚持正确的政治方向。高校育人的目标是培养全面发展且对国家建设有用的人才,这就需要坚定正确的政治方向,如此才能培养出坚定党的领导,并切实践行社会主义核心价值观的人才。

第二,课程育人过程中要充分尊重学生的个性差异,注重学生主体性的发挥。个性差异在大学生群体中是客观存在的,教师应学会尊重这种差异的存在,并因材施教,这样才能使不同的学生获得应有的发展。此外,虽然教师在课程育人中发挥着非常重要的作用,但也不能忽视学生的主体作用,要引导学生针对知识进行自主探究,这样才有助于学生综合能力的发展。

第三,课程育人必须以立德树人为根本,以学生的全面发展为目标。不可否认,课程育人的重点在于学生专业知识与专业技能的掌握,但其根本仍旧是立德树人,其目标依旧是学生的全面发展。因此,在课程育人中,教师要坚守育人为本的教育理念,始终将学生的发展作为教育工作的重心。

(二)实践育人

1.实践育人的概念

何谓实践育人?刘川生在《高校实践育人工作有效机制研究》一文中指出:"实践育人是在尊重人才培养规律、教育发展规律的基础上形成的科学教育理念,是对马克思主义实践观的深化。"[1]刘教民则认为:"高校社会实践育人已不同于传统的实践育人,具有新的模式、新的内涵,即把教育课堂从校园引向社会,从而把以课堂为基础的小教育发展到以社会

---

① 刘川生.高校实践育人工作有效机制研究[J].思想理论教育导刊,2016(12):119-124.

为平台的大教育。"①虽然不同学者对实践育人的看法存在差异,但有一点是相同的,那就是实践育人离不开实践活动,这是实践育人的核心。

2.实践育人的实施

和课程育人不同,实践育人的核心是实践活动,所以高校实践育人的实施基本围绕社会实践活动展开。综合来看,高校实践育人的实施可概括为两个环节:实践育人方案的制定、实践活动的实施。

(1)实践育人方案的制定。实践育人方案是实施实践育人的基础,所以高校首先需要结合育人目标制定相应的方案。制定的方案需要具备可操作性,能够指导实践活动的具体实施。

(2)实践活动的实施。实践活动实施是实践育人的核心环节,所以实践活动实施的有效与否在很大程度上影响着实践育人的成效。实践活动的实施大致也可以归结为三个环节:实践活动的前期准备、实践活动的具体实施、实践活动的总结。

在具体实施实践活动的过程中,要按前期准备阶段通常需要做好两方面的工作:确定实践活动主题和基地、制订活动计划在实践活动结束之后,应及时总结经验和成果,并反思不足。

(三)文化育人

1.文化育人的概念

文化是人类长期实践的产物,具有系统性、历史性、实践性、创造性等特征,同时还具有导向、规范、凝聚和驱动等作用。文化所具有的功能决定了文化能够作为文化育人的重要载体。而文化育人,简单来说就是以文化育人,即遵循高校教育的原则和大学生的成长规律,以文化价值渗透的方式,将先进文化的价值渗透到人的灵魂深处,使人内化于心、外化于行,从而实现文而化之的目的,促进大学生的全面发展。文化育人同课程育人、实践育人、服务育人不同,其作为高校生态育人机制中的重要组成

---

① 刘教民.构建高校社会实践育人新模式的实践与思考[J].中国高等教育,2014(19):17—20.

部分,强调"重视人文教育、隐性教育,注重精神成长、思想提升,主张潜移默化、润物无声,通过有意味的形式,长久地、默默地、逐渐地感染人、影响人、转化人"[①],进而促进高校育人目标的实现。

2.文化育人的途径

文化可分为物质文化、精神文化和制度文化,高校领域内的文化同样可以分为这三个部分,因此,高校文化育人的途径可以从这三个方面展开。

(1)物质文化育人。高校物质文化是校园文化的物质基础,如教室、图书馆、实验室、雕塑等都属于高校物质文化的范畴。高校物质文化是校园文化的外显层,能够被学生直观地感受到,对学生的影响也是直接的。因此,高校首先要注重物质文化的建设,通过优化学生身边的环境对学生产生积极的影响。

(2)精神文化育人。精神文化是人类在从事物质文化基础生产上产生的一种人类所特有的意识形态,它是人类本质属性的体现,决定了人类的精神本质、精神状态和精神生活。精神文化主要包括五个要素:知识、思维、方法、原则和精神。其中,知识是精神文化的载体,思维是精神文化的关键,方法是精神文化的根本,原则是精神文化的精髓,精神则是精神文化的灵魂。这五个要素相互联系,彼此支撑,形成了人类精神文化的整个体系。相较于物质文化而言,精神文化对学生的影响更加深远,所以高校要更加重视精神文化的建设。而高校精神文化的建设可以围绕上述五个要素展开,通过多个方面去影响学生,从而进一步促进学生的发展。

(3)制度文化育人。学校制度文化,即由学校制度所承载、表达、衍生和推动的文化,它是一所学校渗透在体系架构、规章制度、工作流程、岗位职责中的价值观念和风格特色,也是在生成和执行各类制度的过程中折射出来的价值取向和行为准则。制度文化作为高校校园文化的重要组成部分,在高校文化育人体系中也发挥着重要的作用。制度文化作为一项

---

① 冯刚.坚守核心价值观必须发挥文化的作用[N].光明日报,2015(14).

渗透到校园方方面面的文化,能够影响师生的行为及其核心价值观。此外,无论是物质文化还是精神文化,其作用的发挥都需要制度文化作为支撑。因此,在高校文化育人体系中,制度文化的建设不可或缺。

第三节 基于互联网思维的高等教育育人机制创新

一、互联网思维下高校育人机制创新的重要性和必要性

(一)互联网思维下高校育人机制创新的重要性

大学生是接受新生事物最快的一个群体,面对飞速发展的互联网,大学生已经在一定程度上形成了互联网思维,所以重视互联网的发展,有效利用互联网思维,对于高校育人机制的创新而言具有非常积极的现实意义。在当前的时代下,面对互联网的快速发展,每一个人都需要具备互联网思维,与此同时,互联网思维也将全面体现、应用在我国变革的各个领域。

(二)互联网思维下高校育人机制创新的必要性

关于互联网思维下高校育人机制创新的必要性,笔者认为可以从如下两个方面进行分析。

1.高校育人机制需要紧跟时代发展的脚步

高校传统的育人机制在人才培养上虽然发挥着重要的作用,但面对时代发展的洪流,高校必然需要在尊重传统育人机制的基础上,结合互联网发展的优势对其进行创新。一方面,新时代的大学生乐于接受新事物,他们已经在一定程度上具备了互联网思维,高校育人机制如果不能结合学生的特点去构建,将会和学生出现思维上的断层,从而影响育人的成效。另一方面,面对推进高等教育现代化的要求,高校也必然需要融合互联网的思维。当然,基于互联网思维的高校育人制度创新并不是要完全否定传统的育人机制,而是要将两者有机结合起来,通过"线上+线下"的方式进一步提高高校育人的成效。

2.应对互联网对高校育人机制冲击的需要

高校的一个重要特征就是开放性,这种开放性有利有弊,其中,比较突出的一个弊端就是容易受到社会发展过程中一些因素的冲击。随着互联网的快速发展,互联网对高校育人机制的冲击越来越明显。因此,面对互联网对高校育人机制的冲击,高校不能故步自封,而是要保持开放的心态,充分利用互联网思维,从而促进高校育人成效的提高。

二、互联网思维下高校育人机制创新的策略

高校育人机制的构建是一项复杂的工程,其涉及的内容非常广泛,可概括为四个要素:主体、客体、载体和环境。互联网思维下高校育人机制的创新便可以从上述四个要素作出思考,并提出具备可操作性的策略。

(一)建立动态立体的互联网思维育人模式

在高校育人机制构建中,可以借鉴互联网思维中用户思维、平台思维、动态思维、社会化思维、大数据思维等属性,可通过价值引领、教学、管理服务、文化、大数据等运行机制,建立全方位、立体化、动态调整的育人模式。具体来说,可以从如下五个方面着手:

第一,借助互联网的辐射力,加大对优秀传统文化、社会主义先进文化、社会主义核心价值观等内容的宣传与弘扬,以此来加强大学生的理想信念教育。

第二,借助互联网制造积极的网络舆情,屏蔽消极的网络舆情,以此来强化大学生的思想道德教育和价值引领。

第三,借助互联网的便利性与政府、企业和社会组织建立联动机制。社会实践活动是高校育人体系中的一项重要内容,在学生参与社会实践活动的过程中,高校仍旧需要发挥积极的引导作用,而借助联动机制,高校便可以更加有效地指导大学生的社会实践活动,从而提高大学生完成社会实践活动的效率。

第四,将信息技术融入高校课程育人中,从而借助信息技术的优势作用提高课程育人的成效。

第五,借助互联网大数据的优势作用,构建更加科学化、数字化的评价机制,以此来促进高校评价机制的完善。

(二)构建"交互参与"的网络育人机制

互联网思维的又一个特点是"交互性",尤其随着新媒体技术的发展,互联网的交互性得以提高,一个话题在很短的时间内便可以传播出去,甚至通过多人的参与不断扩散,进而对很多人产生影响。借助互联网的这一特征,可以有效推动高校育人机制由"单向传递"向"交互参与"转变。高校传统的育人模式通常是以教育者为中心,学生一般处于被动接受的状态,育人模式是典型的"单向传递"的模式。而在互联网的大环境下,高校除了利用传统的方式开展育人工作,还可以借助新媒体开展育人工作,为学生推荐有助于他们成长的内容。而学生在接收信息的同时,也可以大胆表达自己的想法和建议,参与到高校的育人工作中,这样不仅有助于高校育人工作成效的提升,也有助于学生的成长。总之,借助互联网的交互性,高校应推动高校育人机制实现从"单向传递"模式向"交互参与"模式转变,使学校中的每一位学生都能够参与到高校育人这项工作中,从而在教育工作和学生的互动中实现育人的目标。

参考文献

[1]柴草.携手深耕共赢高等职业教育实践育人探索[M].长春:东北师范大学出版社,2022.11.

[2]陈忠.全国中医药行业高等教育十四五创新教材中医药高等教育和合思想协同育人理论与实践[M].北京:中国中医药出版社,2021.10.

[3]周涛.新时代高校辅导员价值引领功能探索[M].上海:同济大学出版社,2020.07.

[4]林洁,柯丽敏,欧阳乐.高等教育跨境电子商务专业校行企协同育人系列教材跨境电商 B2C 多平台运营[M].北京:电子工业出版社,2023.06.

[5]杨雪雁,孙建红,易建安.高等教育跨境电子商务专业校行企协同育人系列教材跨境电商网络营销[M].北京:电子工业出版社,2023.06.

[6]金贵朝,林洁,盛磊.高等教育跨境电子商务专业校行企协同育人系列教材跨境电商视觉营销[M].北京:电子工业出版社,2022.05.

[7]谢宏兰,刘英主.高等职业院校劳动教育学习与训练[M].北京:北京理工大学出版社,2020.11.

[8]马志强,周国华.新时代高校组织育人理论与实践[M].镇江:江苏大学出版社,2021.05.

[9]李政涛.生命实践教育学研究第 4 辑优质均衡目标下的区域教育改革[M].上海:上海教育出版社,2020.11.

[10]沈丽巍,宋国庆."课程思政"育人理念价值问题分析[J].佳木斯大学社会科学学报,2022(3):222-224.

[11]陈菲."三全育人"视域下技能大师工作室建设:育人价值、实然困境和实现路径[J].职教通讯,2023(11):38-44.

[12]王英."两种精神"的育人价值及实践探索[J].河北农业大学学报(社

会科学版),2022(6):14－19.

[13]陈荀."三全育人"视域下地方高校科研育人功能实现路径研究[J].
呼伦贝尔学院学报,2023(1):39－43.

[14]余博,穆宏浪,崔方磊等.书院与学院双院协同育人的价值意蕴、内涵
及实现进路[J].高教学刊,2023(A1):164－167.

[15]邓桂英,李晏新闻,陈京军.元宇宙赋能高等教育:价值意蕴、潜在挑
战与纾解路径[J].大学教育科学,2023(4):38－47.

[16]吴俊玲.开放大学课程思政协同育人创新机制研究[J].科学咨询,
2022(14):71－74.

[17]范群林,田甓琪,程乐等.课程思政学习、数字技术赋能与育人价值实
现[J].创新与创业教育,2022(1):117－125.

[18]梁军,尹贤彬.研究生"一体两翼"的三全育人机制实现路径[J].桂林
师范高等专科学校学报,2020(3):99－102.

[19]王磊,邬丽群,高汝男等.高校思政教育融入双创教育协同育人机制
的构建[J].教育教学论坛,2022(37):153－156.

[20]牛华岩.民办高校"三全育人"的实现路径和保障机制研究[J].科教
导刊,2021(7):3－5.

[21]辛宪章.校企命运共同体协同育人的价值与路径[J].河南广播电视
大学学报,2022(2):9－13.

[22]崔蓓.大思政视野下高校思政教育实践育人模式及其价值[J].新教
育时代电子杂志(教师版),2023(36):190－192.

[23]杨启莲,郑艳.课程思政与思政课程协同育人机制构建[J].高教学
刊,2021(16):26－29.

[24]丁海奎,何云峰,公香凝.实践育人的新时代意涵、现实境遇及实现路
径[J].高等建筑教育,2022(6):1－7.

[25]白蓉.高职院校资助育人功能及实现路径研究[J].陕西教育(高教),
2021(9):26－27.

[26]师洪洪.建筑类高校文化育人与教育特色的融合路径探究[J].大学,

2023(8):6—10.

[27]李瑞萍.高校文化育人的路径探索[J].黄河水利职业技术学院学报，2022(1):82—86.

[28]寇尚乾.应用型本科毕业论文(设计)的育人功能与机制[J].新教育时代电子杂志(教师版),2023(30):58—60.

[29]余金永,李玉琴,李元庆.智能制造工程专业校企融合"双元"育人机制的探索与研究[J].时代汽车,2023(1):82—84.

[30]李晓辕.高校宿舍文化育人的价值、实践及实施路径[J].宿州学院学报,2023(8):74—78.